Guide de Deir el-Médina

Dans la même collection :
Stéphane Polis (éd.), *Guide des écritures de l'Égypte ancienne*, 2022

L'Ifao remercie le ministère du Tourisme et des Antiquités (MoTA) en Égypte pour son soutien dans la conduite des opérations archéologiques dont les résultats sont présentés dans ce guide.

Les auteurs remercient les institutions et les amis qui ont généreusement participé à l'illustration de cet ouvrage.

Photographies de couverture :
Vue aérienne du site de Deir el-Médina. © P. Zignani.
Masque de la dame Mérit, Turin, Museo Egizio, S 8473. © Museo Egizio.
Le dieu des artisans Ptah. © Archives Ifao.

Conception de la charte graphique : Fatiha Bouzidi
Adaptation, mise en page : Ismaïl Seddiq
Traitement des images : Béatrice Boileau
Création de la maquette de couverture : Philippe Brulin

ISBN 978-2-7247-0806-6

Guillemette Andreu-Lanoë, Dominique Valbelle

Guide de Deir el-Médina

Un village d'artistes

LES GUIDES
DE L'IFAO

SOMMAIRE

Porte de la tombe de Sennédjem, musée du Caire n°2006. © J.-Fr. Gout.

INTRODUCTION

Vue de la colline de Gournet Mouraï, du site de Deir el-Médina et de la cime thébaine. © P. Zignani.

Face aux majestueux sanctuaires de Karnak et de Louxor que l'on visite dans l'antique capitale de la Haute Égypte, la rive occidentale impressionne par l'atmosphère qui y règne et la nature des vestiges qu'elle abrite. Dans cette immense zone archéologique, couverte de temples de Millions d'Années érigés pour le culte des pharaons du Nouvel Empire, mais aussi creusée de tombeaux royaux et privés – plus de cinq cents –, le site de

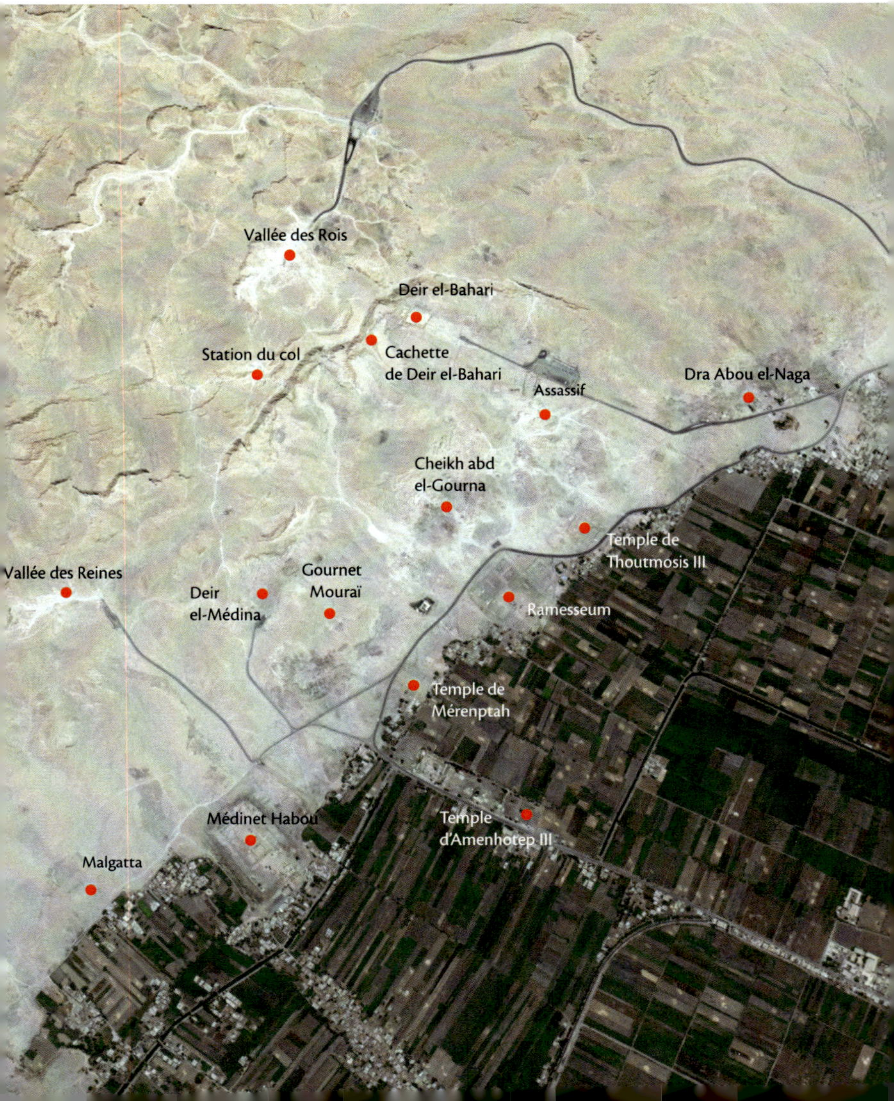

Deir el-Médina offre à voir des vestiges extrêmement précieux pour ce qu'ils racontent sur la communauté d'artistes, artisans et ouvriers ayant œuvré au creusement et à la décoration des tombes des Vallées des Rois et des Reines pendant une partie du Nouvel Empire, entre 1500 et 1050 av. J.-C. environ.

Ces vestiges ont permis de reconstituer l'univers des familles qui habitaient là, de connaître leur quotidien, leurs lieux de prière, leur panthéon personnel, leur mode opératoire au travail, leurs loisirs, et les évènements qui ont marqué leurs vies. Les quelques tombes que l'on visite dévoilent leur aspiration à un au-delà qui était atteint après un parcours d'obstacles éprouvant, illustré avec talent et inspiration sur les parois de leurs caveaux.

Ce site occupe une place privilégiée dans notre connaissance de l'Égypte pharaonique, à la fois en raison de sa spécificité, de la masse documentaire qu'il renfermait et de la complémentarité exceptionnelle des différentes catégories de sources que l'on y trouvait rassemblées. Préservé de la destruction qu'ont connue les agglomérations de la Vallée du Nil en raison de sa situation dans le vallon désertique qui sépare la colline de Gournet Mouraï du flanc de la montagne thébaine (fig. 1), le village, les chapelles et les cimetières qui l'entourent constituent un ensemble archéologique unique que viennent compléter et animer un nombre impressionnant de pièces de mobilier de vie quotidienne, de monuments funéraires et religieux inscrits, ainsi que plusieurs centaines de papyrus et milliers d'ostraca*.

Fig. 1. Les principaux sites de la rive occcidentale thébaine.
© Google Earth.

Les explorations du XIXe siècle

Deir el-Médina n'attira sérieusement l'attention des archéologues qu'à partir de la fin du XIXe siècle. Pendant les premières décennies de ce siècle, le site fut exploré dans le but de réunir des collections d'objets au profit des musées occidentaux (Museo Egizio de Turin, musée du Louvre, British Museum,) ou encore, à partir de 1845, lorsque le savant allemand Karl Richard Lepsius (1810-1884) y mena des fouilles pour le musée de Berlin.

À partir de 1858, les Français Auguste Mariette (1821-1881) puis Gaston Maspero (1846-1916) sont nommés directeurs du Service des Antiquités d'Égypte et du musée du Caire. Leur mission était, entre autres, de mettre en place une législation destinée à contrôler les fouilles des missions étrangères sur l'ensemble du pays. En 1886, une équipe de G. Maspero découvre à Deir el-Médina la tombe inviolée de Sennédjem (fig. 2), riche d'un mobilier funéraire spectaculaire, dont une grande partie est exposée au National Museum of Egyptian Civilization du Caire. La concession du site archéologique échoit en 1905 à l'italien Ernesto Schiaparelli (1856-1928), qui fouille au nom de la Surintendance des antiquités du Piémont (musée de Turin).

Il y découvre la chapelle de la tombe de Maïa, peintre à la fin de la XVIIIe dynastie (vers 1330-1320 av. J.-C.) et détache des parois rocheuses son décor polychrome qu'il emporte à Turin. En 1906, E. Schiaparelli a la chance de mettre au jour la tombe inviolée de l'architecte Khâ et de sa femme Méryt, enterrés avec un mobilier éblouissant (fig. 3), aujourd'hui fleuron du Museo Egizio de Turin. Dans le même temps, le musée s'enrichit aussi de nombreux monuments : des statues, des stèles, ainsi que des ostraca* et des papyrus.

Fig. 3. Masque de la dame Mérit découvert dans la tombe inviolée de Khâ, Turin, Museo Egizio, S 8473. © Museo Egizio.

En 1909, avant de quitter le site, E. Schiaparelli dégage quelques maisons situées dans la partie nord-est du village. C'est la première révélation de l'habitat caché sous les sables du vallon.

Fig. 2. Une des parois du caveau de Sennédjem (TT 1), découvert en 1886. © G. Poncet.

Les fouilles de l'Ifao de 1922 à 1940

Après le bref passage d'une équipe berlinoise dirigée par Georg Möller, l'Institut français d'archéologie orientale (Ifao) obtient la concession du site à partir de 1917. C'est en 1922 que la direction du chantier est confiée à Bernard Bruyère (1879-1971), qui entreprend dès lors une exploration systématique de cette zone.

Ce travail patient et acharné s'achèvera trente ans plus tard, en 1951. À son arrivée, B. Bruyère n'a devant lui qu'un « véritable champ de bataille, hérissé de monticules de déblais et de monuments ruinés, creusé d'entonnoirs et parsemé de momies démembrées ». Il programme alors un dégagement systématique des vestiges, qu'il organise année après année depuis le nord du site. Ce n'est plus la recherche d'objets qui prime, mais l'investigation d'un site dont les premières données semblent particulièrement atypiques, ce qui permet à l'Ifao de jouer une carte pionnière dans le paysage archéologique thébain. L'archéologue et son équipe connurent des moments très intenses, comme la découverte de la sépulture inviolée de Sennéfer en 1928 ou des tombes intactes du cimetière de l'est en 1935 (fig. 4), mais

Fig. 4. Mobilier de la tombe inviolée de la dame Madja découverte en 1935.

aussi plus humbles et austères, comme le dégagement des maisons antiques. Le journal de fouilles que B. Bruyère rédige chaque après-midi ravit par le soin, la minutie et le talent qu'ils révèlent. La maison de fouilles, aménagée dans une suite de tombeaux non décorés sur le versant occidental de la montagne thébaine, devient un lieu propice à la vie de l'équipe et à l'étude des découvertes. L'épigraphiste Jaroslav Černý confronte les documents inscrits en hiératique* (papyrus, ostraca*) et les textes portés par les monuments lapidaires trouvés in situ. Il a alors la confirmation de la véritable destination de ce village antique, autrefois édifié pour abriter la communauté d'artisans qui travaillait à la Vallée des Rois.

À la fin des campagnes de fouilles, B. Bruyère publie régulièrement un bilan de ses travaux dans les *Rapports préliminaires de fouilles de l'Ifao*, qui restent des mines de renseignements pour tous ceux qui travaillent encore sur la documentation qu'il a exhumée. Dans des réserves attenantes aux chambres des chercheurs, les découvertes sont copiées, dessinées, classées et photographiées avant d'être, pour partie, envoyées au musée du Caire et au musée du Louvre, qui acquiert ainsi par voie de partage plus d'un millier d'œuvres issues de ces fouilles.

De la fin des années Bruyère à aujourd'hui

Après une interruption due à la Seconde Guerre mondiale, Bernard Bruyère revient sur le site entre 1949 et 1951. Il a alors 70 ans. L'archéologue n'imagine pas de quitter son chantier sans avoir vidé le « Grand Puits », entonnoir géant situé au nord du temple, qui intriguait curieux et savants depuis un siècle (fig. 5). Puisant sur ses deniers personnels, B. Bruyère fait extraire de ce trou béant, sans aucun moyen mécanique, plus de 6000 m^3 de terre. Arrivé au fond du puits, à 50 m de profondeur, il doit se rendre à l'évidence : le grand puits n'est qu'une immense décharge remplie des décombres du village ramesside.
La déception est vite comblée par l'extraordinaire moisson épigraphique qui y fut réalisée. Plus de cinq mille ostraca remontèrent à la surface, et leur difficile déchiffrement révéla qu'il s'agissait des archives documentaires et littéraires de la communauté des artisans du temps des Ramsès (fig. 6).

Fig. 5. Le Grand Puits, au nord du temple. © Archives Ifao.

Pour ne parler que des défunts, il est légitime de citer les savants Jaroslav Černý (1989-1970), Georges Posener (1906-1988) et Serge Sauneron (1927-1976) qui, par leurs travaux exemplaires sur ces petits textes, souvent presque illisibles, ont rendu vie et pensée aux anciens habitants de Deir el-Médina.

En 1969, Serge Sauneron, alors devenu directeur de l'Ifao, eut à cœur de réactiver les publications des tombes et des objets découverts par l'équipe de B. Bruyère et de poursuivre des travaux de terrain. Sous la houlette de Georges Castel, des secteurs nouveaux furent alors explorés, essentiellement localisés sur le sommet et les flancs nord et sud de la colline de Gournet Mouraï qui enserre le site sur son côté est. Au nord, des tombes ainsi découvertes furent datées de la fin du Nouvel Empire par leurs cercueils et la céramique qui s'y trouvait, tandis qu'au sud les tombes étaient plus tardives, attribuables à la Troisième Période intermédiaire.

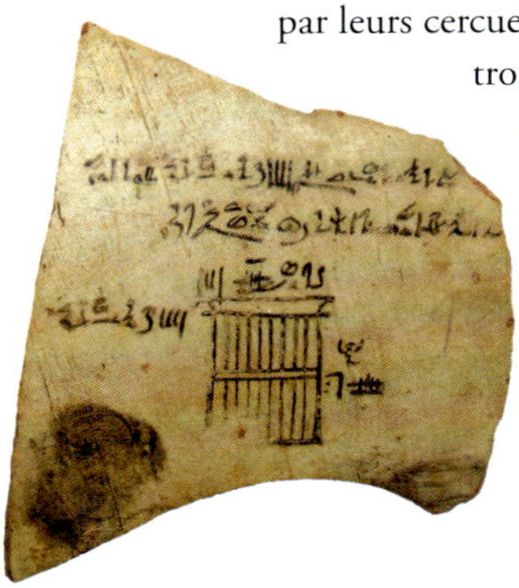

Fig. 6. Ostracon inscrit d'une commande de quatre fenêtres avec précision des dimensions et dessin du modèle, musée du Louvre, E 23554. © musée du Louvre/Chr. Décamps.

Sur le sommet de la colline, les vestiges d'une église consacrée à Saint Marc l'Évangéliste furent dégagés, témoignant d'une communauté chrétienne entre les Ve et VIIe s.

En 1974-1976, le village fit l'objet de trois courtes campagnes de fouilles, sous la direction de Charles Bonnet et Dominique Valbelle. Ces missions, destinées à comprendre l'évolution interne du Village, de sa création, sous Thoutmosis Ier, à son élargissement ramesside, ont permis de révéler plusieurs changements radicaux de l'urbanisme au cours du Nouvel Empire et de dresser un nouveau plan de l'agglomération (voir p. 44). En 2014, l'équipe de l'Ifao mit au jour, dans une tombe, le corps d'une femme momifiée et couverte de tatouages figuratifs (fig. 7), fait unique dans notre connaissance du tatouage en Égypte.

La restauration des vestiges, l'étude des tombes et des découvertes faites sur ce site exceptionnel sont toujours en cours, sous les auspices de l'Ifao qui a fêté en 2017 ses 100 ans de travaux à Deir el-Médina. Chaque année, de nouvelles études ayant trait à l'archéologie et aux domaines religieux, funéraire, économique, social, politique, historique, littéraire ou encore anthropologique et ethnographique ajoutent des renseignements précieux à notre connaissance des hommes et des femmes qui habitaient à Deir el-Médina il y a plus de trois millénaires.

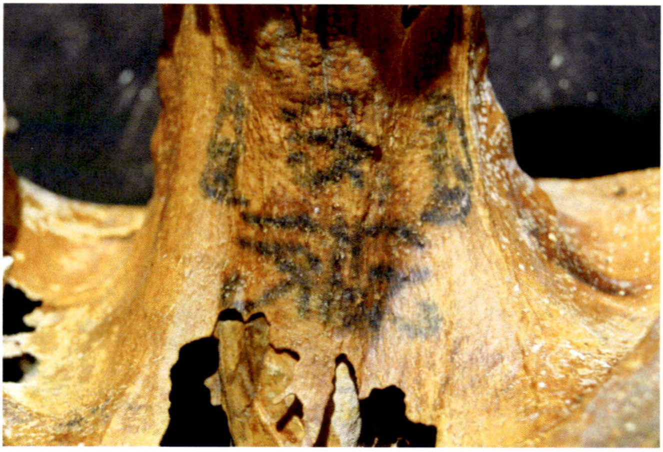

Fig. 7. Cou de la momie tatouée découverte en 2014. © A. Austin.

Une fondation royale du début de la XVIIIe dynastie

Les souverains du début du Nouvel Empire décidèrent de se faire enterrer au cœur de la montagne thébaine. Quoique l'emplacement de la sépulture d'Amenhotep Ier soit encore incertain, plusieurs textes ramessides et la découverte de sa momie dans la "Cachette royale" de Deir el-Bahari* assurent qu'elle avait bien été aménagée sur la rive occidentale thébaine où ce souverain reçut plusieurs cultes très populaires jusqu'à l'époque gréco-romaine, et l'une des fêtes célébrées en son honneur donna son nom au septième mois du calendrier copte : *phaménoth*.

C'est cependant Thoutmosis Ier qui fonda le village de Deir el-Médina. Durant la majeure partie de la XVIIIe dynastie, la communauté qui y vécut et travailla aux sépultures de la Vallée des Rois semble avoir eu un statut similaire à celui d'autres chantiers royaux connus dans le pays, comme celui du temple d'Hatchepsout à Deir el-Bahari. Deux titres sont attestés pour le début de la XVIIIe dynastie : « supérieur de la Grande Place » et *sédjem-âch** « "celui qui entend l'appel" de la Grande Place ». Un peu plus tard, apparaît l'expression *Set-Maât*, qui figurera ultérieurement dans les titres de ces hommes, lorsqu'ils sont écrits en hiéroglyphes sur les monuments.

Fig. 8. La coudée offerte à l'architecte Khâ par Thoutmosis III, Turin, Museo Egizio, S 8647. © Museo Egizio.

Le principal responsable portait alors le titre de « directeur des travaux » et certains objets mis au jour dans la tombe de l'un d'eux, Khâ, retrouvée inviolée par E. Schiaparelli en 1906, montrent qu'ils pouvaient recevoir des récompenses royales, comme une coudée plaquée d'or au nom d'Amenhotep II (fig. 8), ou une coupe en électrum au nom d'Amenhotep III. Ces objets sont actuellement exposés au Museo Egizio de Turin. Outre les cimetières contemporains qui s'étendent à l'est et à l'ouest du village, des chapelles furent aménagées dans le cirque qui ferme le site, au nord.

Sous le règne d'Amenhotep IV-Akhénaton, les artistes et artisans de cette communauté furent envoyés sur d'autres chantiers royaux, notamment à Saqqara, puis revinrent à Thèbes après l'épisode amarnien. L'expression *Set-Maât,* déjà employée par Amenhotep III, se rencontre à Amarna comme à Memphis et à Thèbes pour désigner la résidence ou la nécropole royale. Incarnant l'ordre universel, politique et social, la vérité et l'équité, Maât* devient le concept de référence et la *Set-Maât* est désignée dans le chapitre 125 du *Livre des Morts** comme le siège du tribunal permettant d'accéder à l'au-delà durant tout le Nouvel Empire. Quoique le titre *sédjem-âch** renvoie dans ce contexte à un statut supérieur, il est habituellement traduit « serviteur », par commodité.

« La grande et noble Tombe de Millions d'Années de Pharaon à l'ouest de Thèbes »

C'est Horemheb, en l'an 7 de son règne, qui donna à cette communauté reconstituée un cadre institutionnel, agrandit le village vers l'ouest et restructura l'ensemble du domaine en relation avec le chantier des tombes royales. Ces dispositions sont connues par un ostracon* ramesside traitant d'un litige relatif aux droits d'un ouvrier sur une concession funéraire, qui se réfère au « partage des places qui sont dans le domaine de la Tombe entre (les membres de) l'Équipe [de] Pharaon – vie, prospérité, santé – par le maire de Thèbes, Djéhoutymès ».

Cette réorganisation de la main-d'œuvre préposée au creusement et à la décoration des sépultures royales s'explique non seulement par la politique restauratrice d'Horemheb, révélée notamment par le texte de son couronnement dont deux versions, l'une memphite, l'autre thébaine, nous sont parvenues, et par le décret qu'il fit publier sur une stèle monumentale à la porte sud de Karnak, mais aussi par le changement radical d'échelle que connaît sous son règne la sépulture royale.

En effet les tombes des souverains pré-amarniens dans la Vallée des Rois sont de dimensions infiniment plus modestes et seulement peintes. L'hypogée* d'Horemheb mesure une centaine de mètres de long, comporte quatre escaliers, trois rampes, un puits, une antichambre, une salle à piliers décorée du *Livre des Portes*, une salle du sarcophage (fig. 9) et diverses pièces annexes (fig. 10). Les murs sont finement sculptés et peints.

Ce travail nécessita la mise en place d'une équipe beaucoup plus importante que les tombes de ses prédécesseurs.

Bien qu'aucun document administratif contemporain ne soit conservé, l'identité de plusieurs responsables nous est connue.

Fig. 9. La salle du sarcophage de l'hypogée d'Horemheb. © J.-Fr. Gout.

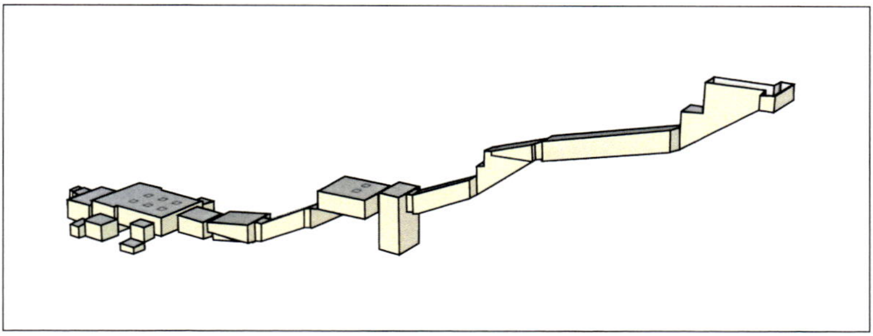

Fig. 10. Schéma 3D de l'hypogée d'Horemheb (KV 57). © D. Valbelle.

Les textes documentaires datant de la XIXe dynastie sont peu nombreux. Néanmoins les rares ostraca* datant du règne de Ramsès II qui nous sont parvenus permettent de reconstituer la composition en deux « côtés » – le droit et le gauche – de l'Équipe de la Tombe telle qu'elle subsistera jusqu'à la fin de l'époque ramesside.

Pa-kher, « la Tombe », terme qui fut déjà employé pour la sépulture d'Akhénaton à Amarna, désigne à la fois l'hypogée* du roi régnant en cours d'aménagement, l'institution créée pour la réalisation de ces travaux dans la Vallée des Rois et la Vallée des Reines, et le domaine qui en dépend. Des versions plus ou moins développées se trouvent dans des documents officiels ramessides de Deir el-Médina, notamment des papyrus : « la grande et noble Tombe de millions d'années de Pharaon à l'ouest de Thèbes ».

Placée sous l'autorité du vizir et du maire de Thèbes, cette institution employait des fonctionnaires répartis selon une organisation hiérarchique précise. Les responsables sont les deux chefs d'équipe, secondés par deux *idénou*, et un ou plusieurs scribes. Les membres de l'équipe sont appelés « les hommes de la Tombe » dans les archives de l'institution et « serviteurs de la Place de Maât » sur leurs monuments personnels. Ces derniers, tout comme la correspondance qu'ils entretenaient entre eux ou avec d'autres artisans de la région, révèlent leurs spécialités : ils sont dessinateurs, peintres, sculpteurs ou carriers.

La Tombe disposait aussi d'un gardien, de deux portiers, de policiers, parfois d'un médecin, de servantes et d'auxiliaires qui leur procuraient aussi bien des matériaux pour le chantier

FOCUS

DES FAMILLES DE SPÉCIALISTES ET DES « FILS DE... »

La documentation écrite et figurée issue des vestiges de Deir el-Médina est parfois si précise sur les équipes au travail dans la Tombe royale qu'un spécialiste de ces textes a pu écrire un « *Who's who* à Deir el-Médina » et dresser des arbres généalogiques de familles de dessinateurs, désignés dans les textes comme « scribe des formes » ou « scribe des contours ».

Partageant avec les scribes dédiés à l'écriture le même matériel de travail, les scribes des formes sont munis (fig. 11) de leur palette, de leurs pinceaux (tiges de jonc mâchonné), de brosses, d'un godet à eau et, en plus des pigments noir et rouge, de galettes de couleurs, dont ils utilisent les nuances en les rattachant à la symbolique du monde minéral.

Fig. 11. Peintre appliquant les couleurs sur un sarcophage. Tombe d'Ipouy (TT 217). © G. Andreu-Lanoë.

Fig. 12. Stèle funéraire faisant connaître une famille de dessinateurs/peintres sous Ramsès II, cat. 1591 © N. Dell'Aquilla, F. Taverni/Turin, Museo Egizio.

Ostraca, papyrus, graffiti, stèles, tables d'offrandes, bassins, statues, vestiges architecturaux, ainsi que de nombreux décors des tombes *in situ* donnent vie et visages à ces artistes dont l'influence est attestée auprès de la communauté de Deir el-Médina, les plaçant sans aucun doute au cœur de son élite, dans laquelle on rencontre également des familles de sculpteurs.

La famille de Pay, scribe des formes dans la première moitié du règne de Ramsès II, est connue sur quatre générations grâce à une centaine de documents divers. Fondateur de cette lignée, Pay eut six enfants, dont Nebrê et Prêphotep, qui furent tous deux dessinateurs. Nebrê est le plus célèbre et sans doute le mieux placé auprès du vizir et du scribe royal Râmosé.

Il a en outre laissé des textes littéraires, écrits de sa main, prouvant ainsi qu'il excellait dans l'art du calame. Deux de ses fils héritèrent de sa fonction (fig. 12), tout comme les fils de son frère Prêphotep. Ce dernier apparaît volontiers auprès de sculpteurs, en particulier auprès du sculpteur Qen, propriétaire de la tombe TT 4. De là à imaginer que Prêphotep a participé à la mise en couleurs de cette chapelle…

Fig. 13. Le vidage des poissons et la fabrication des nasses, dans la tombe d'Ipouy (TT 217). © Archives Ifao.

– forgerons, plâtriers – que des produits indispensables à la vie du village: porteurs d'eau, jardiniers, pêcheurs (fig. 13), blanchisseurs, potiers, fournisseurs de combustible. À l'exception du gardien et, sans doute, des servantes, ils n'habitaient pas dans le village et sont désignés comme « les hommes de l'extérieur » par opposition aux membres de l'équipe parfois qualifiés d'« hommes de l'intérieur ».

Le volume de l'équipe et des auxiliaires varia en fonction des besoins en main d'œuvre et de la situation économique du pays. Les registres de salaires et les listes d'ouvriers, les mentions de tours de service ou d'absences, en particulier, permettent de suivre ces variations. Un grand ostracon* daté de l'an 40 de Ramsès II récapitulant les absences de chacun des membres de l'équipe au cours de cette année énumère une quarantaine d'hommes (fig. 14). La moyenne tourne autour d'une soixantaine d'hommes. Mais un papyrus nous apprend qu'en l'an 2 de Ramsès IV l'effectif de l'équipe a été doublé, puis réduit de moitié, les soixante hommes écartés devenant les auxiliaires de l'équipe. Sous le règne de Ramsès X, celle-ci ne comprend plus qu'une vingtaine d'hommes.

Les modalités de l'apprentissage et du recrutement des membres de l'équipe se déduisent de la lecture des listes de distribution de rations et de certains passages du *Journal de la Tombe*.

Si l'on connaît, sous la XIXe dynastie, des recrutements externes au milieu de l'équipe, sous la XXe dynastie, les archives sont mieux conservées et fournissent de nombreux témoignages sur la formation des enfants des membres de l'équipe par leur père ou par un collègue, puis leur promotion comme « hommes de la Tombe » par les chefs d'équipe et le scribe, sur ordre du vizir. Une liste de recensement des habitants du village se termine par la mention de six maisons attribuées à des célibataires dont on retrouve le recrutement dans le *Journal de la Tombe* en l'an 16 ou 17 de Ramsès IX.

Fig. 14. Liste récapitulative des absences sur le chantier de la Tombe pendant l'an 40 de Ramsès II (O. BM 5634, v°). © The Trustees of the British Museum.

Les salaires des membres de l'équipe sont connus par de nombreuses mentions de distributions sur ostraca* et par plusieurs registres sur papyrus de versement des rations, le plus ancien conservé étant daté de l'an 2 de Ramsès VI. La base de ces salaires consiste en blé pour le pain et en orge pour la bière. Lorsque les greniers de Pharaon ne sont pas approvisionnés et que des retards dans les livraisons se produisent, diverses alternatives sont mises en place : des pains peuvent être fournis par les temples de Millions d'Années de la rive, les céréales peuvent être remplacées par leur équivalent en métaux et, vers la fin de la XXe dynastie, c'est le scribe de la Tombe, assisté des portiers, qui va lui-même collecter les impôts dans la région en remplacement des services défaillants.

D'autres aliments faisaient irrégulièrement l'objet de distributions : de la viande – des bêtes entières, des quartiers de viande crue ou grillée, les peaux de ces animaux. Les poissons, les légumes et les dattes étaient en revanche régulièrement livrés par les auxiliaires de l'équipe. Celle-ci recevait aussi, à l'occasion des grandes fêtes qui se déroulèrent dans la région, certains produits plus exceptionnels comme du vin, de l'huile d'olive ou de sésame, de la graisse ou du miel. De nombreuses jarres portant la mention de leur contenu ont été retrouvées sur le site.

La Tombe sous la XIXe dynastie

L'histoire de l'institution sous la XIXe dynastie est nourrie par un certain nombre d'ostraca et par des documents privés ayant appartenu aux membres les plus importants de cette communauté, mais les archives papyrologiques de cette période ne sont pas conservées, qu'elles aient été simplement détruites ou que les papyrus qui les constituaient aient été lavés pour être réutilisés ultérieurement, pratique attestée dans l'Égypte ancienne à toutes les époques.

Nous sommes donc mieux informés sur certains personnages exceptionnels de l'équipe que sur le fonctionnement quotidien de l'institution.

Sous le règne de Ramsès II, le scribe Râmosé (fig. 15) qui avait notamment été en poste dans le temple de Millions d'Années de Thoutmosis IV, fut affecté à l'institution de la Tombe en l'an 5, comme nous l'apprennent un ostracon et un graffito dans la Vallée des Reines. Parmi les nombreux monuments à son nom, qui le désignent comme une personnalité exceptionnelle de ce milieu, le sanctuaire qu'il fit ériger au culte de Ramsès II constitue le témoignage le plus significatif pour Deir el-Médina de cette catégorie de dévotion qui se développe à l'époque. La fondation qu'il mit en place en l'an 9 pour l'approvisionnement des offrandes grâce à un virement en provenance du Ramesseum confirme ses liens avec le pouvoir.

Fig. 15. Statuette du scribe Râmosé, Rijksmuseum van Oudheden, Leyde, AH 211. © Fr. Gourdon.

Le successeur de Râmosé, vers l'an 40 de Ramsès II, le scribe Qenherkhépéchef, est une autre forte personnalité de cette communauté, décrite comme autoritaire et peu sympathique par son entourage.

Il est néanmoins à l'origine de la constitution d'une bibliothèque exceptionnelle, composée notamment d'un livre de songes et d'un extrait du « poème de Pentaour » sur la bataille de Qadech, qui se transmit dans sa famille sur plusieurs générations, bien que lui-même n'ait pas eu de descendance.

En revanche, sa jeune épouse Naunakhte est restée célèbre pour le testament qu'elle a laissé, longtemps après le décès de son premier mari, par lequel elle exhérède certains enfants issus de son second mariage.

Vers la fin de la XIXe dynastie, un chef d'équipe a défrayé la chronique : apparemment jaloux de son collègue aisé, le chef d'équipe Néferhotep – lequel fut tué plus tard, au cours d'une guerre civile –, Paneb (fig. 16) fit l'objet d'une plainte pour meurtre, viol, brutalité, malversation et détournement à son profit de la main-d'œuvre et des biens de l'institution de la Tombe. Divers documents contemporains confirment un tel portrait. Il fut tiré d'affaire par le scribe Qenherkhépéchef, qu'il aurait soudoyé, et aurait même obtenu, sur dénonciation à l'usurpateur Amenemès, le renvoi d'un vizir qu'il accusait de l'avoir molesté.

Ces événements se produisirent à un moment où la succession royale connaissait des troubles qui eurent sans doute des répercussions sur les chantiers successifs des sépultures royales. L'allusion récurrente à « l'ennemi » pourrait se référer au chancelier Bay, d'origine syrienne, qui avait commencé sa carrière sous Séthi II comme scribe royal et échanson royal, exerça la fonction de « grand trésorier en chef du pays tout entier » sous le règne de Siptah, et se fit aménager une sépulture dans la Vallée des Rois.

Fig. 16. Le chef d'équipe Paneb et son épouse dans leur tombe (TT 211).
© G. Andreu-Lanoë.

Fig. 17. Le papyrus des grèves, recto, Turin, Museo Egizio, Cat. 1880. © Museo Egizio.

La Tombe sous la XXe dynastie

Cette communauté étant, par sa fonction et par ses liens étroits avec le pouvoir, informée des événements en relation avec l'accession au trône, le décès des rois, leurs funérailles, l'aménagement et la préservation de leurs sépultures, ses archives, beaucoup mieux conservées sous la XXe dynastie, constituent une source précieuse d'information sur certains aspects de l'actualité régionale, voire nationale. En particulier, une catégorie de documents sur papyrus conservée seulement à partir du règne de Ramsès III est très révélatrice : les fragments du *Journal de la Tombe*, où les scribes enregistraient systématiquement, jour après jour, tous les événements en relation avec l'institution.

Les salaires étant irrégulièrement versés dès la fin du règne de Ramsès III, l'équipe de la Tombe inventa le principe de la grève, procéda à l'occupation du chantier royal et eut recours à des manifestations, autant de moyens d'action dont elle usa régulièrement durant une centaine d'années auprès des temples de Millions d'Années des souverains inhumés dans la Vallée des Rois. Ces précieuses informations se trouvent non seulement dans le *Journal de la Tombe*, mais aussi dans un rapport récapitulatif portant sur une partie de l'an 29 de Ramsès III, connu sous le nom de *Papyrus des Grèves* (fig. 17), et sur divers autres ostraca datables jusqu'à l'an 3 de Ramsès IV, puis à nouveau à partir de l'an 9 de Ramsès IX.

Fig. 18. Vue aérienne du Ramesseum. © P. Zignani.

Outre ces désordres inédits dans l'histoire de l'humanité, la dégradation progressive de l'État de droit durant la XXe dynastie s'exprime aussi par le sac des nécropoles royales et privées, ainsi que des temples de Millions d'Années de la rive occidentale thébaine, et par la menace de bandes armées que les textes commencent à signaler entre l'an 8 et l'an 15 de Ramsès IX. Dès l'année suivante, à la suite d'un rapport remis au maire de Thèbes par deux scribes de la Tombe, une procédure judiciaire fut engagée concernant des pillages intervenus dans la Vallée des Reines, ainsi que dans la nécropole royale de Dra Abou el-Naga, et une commission d'enquête fut constituée.

Le vizir et le premier prophète d'Amon menèrent eux-mêmes les interrogatoires dans le temple de Maât* à Karnak. D'abord innocentés en l'an 16, huit ouvriers de la Tombe furent inculpés l'année suivante et licenciés, comme le montre leur disparition des listes de personnel. Trois autres hommes de l'équipe furent encore inculpés pour des vols de sépultures sous le règne de Ramsès XI. Les pillages se poursuivirent en effet non seulement dans la Vallée des Reines, mais dans la Vallée des Rois et dans les temples de Millions d'Années, comme le Ramesseum (fig. 18) ou Médinet Habou (fig. 19).

Fig. 19. Vestiges du bureau de Boutehamon, Médinet Habou. © D. Valbelle.

Les membres de l'équipe, dont le nombre semble ramené à dix-huit ou vingt-cinq, se réfugièrent, sans doute vers l'an 8 à 10 de Ramsès XI, à l'intérieur des enceintes de Médinet Habou devenu le centre administratif de la rive ouest et l'un des lieux les moins exposés aux bandes armées qui ravageaient la région.

La fin du Nouvel Empire

La situation politique de l'Égypte continua à se dégrader, notamment à Thèbes où une guerre civile opposa le premier prophète d'Amon Amenhotep et le fils royal de Kouch Panéhésy, cependant que le représentant du pouvoir royal, le vizir, semble absent des documents qui nous sont parvenus jusqu'en l'an 17 de Ramsès XI. À partir de l'an 19, un nouveau comput fut instauré, correspondant à l'an 1 du « renouvellement des naissances ».

Tandis que Panéhésy était en fuite en Nubie, où il fut poursuivi par les troupes égyptiennes, le nouveau premier prophète d'Amon Hérihor et son successeur Payânkh cumulèrent les titres de vizir, de fils royal de Kouch, de général en chef des armées et d'intendant des greniers. Hérihor envoya à maintes reprises à Assouan et en Nubie – où il se battait contre

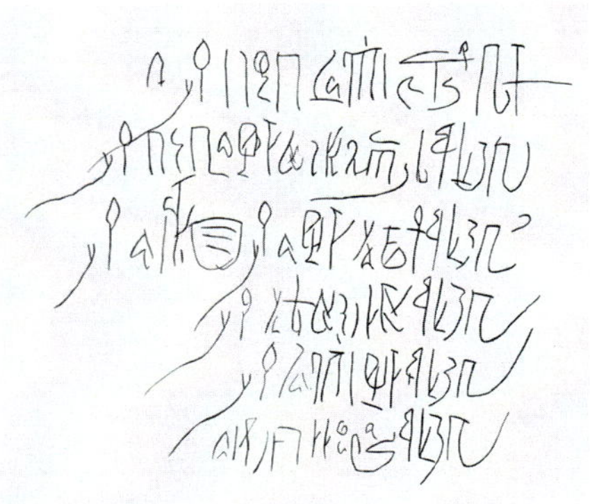

Fig. 20a. Graffito d'une dynastie de scribes dans la montagne thébaine, n° 1599 (d'après J. Černý, A.F. Sadek *et al.*, *Graffiti de la montagne thébaine* III/1, Le Caire, 1971, pl. 2 ter).

Panéhésy –, le scribe de la Tombe Djéhoutymès (fig. 20a-b), comme en témoigne la correspondance que ce dernier entretint avec son fils et successeur Boutehamon chargé de l'acheminement d'armes et de linge pour les bandages aux blessés.

Placés sous l'autorité du premier prophète d'Amon, les membres de l'équipe répondirent aux situations d'urgence. Certains vinrent renforcer les rangs des soldats engagés dans la guerre que menait Payânkh en Nubie. D'autres participèrent à la réinhumation, dans la « Cachette* » de Deir el-Bahari, des momies des souverains du Nouvel Empire mises à mal lors des pillages généralisés. Un dipinto*, à l'entrée de cette « Cachette » – l'ancienne tombe de la reine Inhapy –, rapporte qu'en l'an 10 de Siamon un scribe de la Tombe et les deux chefs d'équipe assistèrent aux funérailles du premier prophète d'Amon Pinédjem,

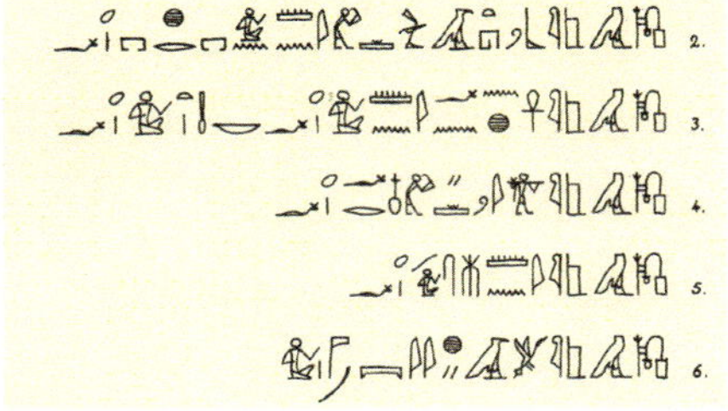

Fig. 20b. Transcription du graffito (d'après J. Černý, A.F. Sadek *et al.*, *Graffiti de la montagne thébaine* IV, Le Caire, 1971, p. 2).

Fig. 21. Situation des sépultures des divines adoratrices Ânkhnesnéféribrê et Nitocris dans le cirque nord. © Archives Ifao.

placé avec son épouse dans le sarcophage de Thoutmosis Ier, à côté des dépouilles d'Amenhotep Ier, Ramsès Ier, Séthi Ier et Ramsès II.

Le site de Deir el-Médina après le Nouvel Empire

Abandonné au cours du règne de Ramsès XI, le village de Deir el-Médina fut en ruines dès la fin du Nouvel Empire, mais cela n'empêcha pas le cimetière de continuer à faire l'objet d'inspections, certaines sépultures étant d'ailleurs utilisées pour entreposer des archives familiales. Au cours des XXIIIe et XXIVe dynasties, le site fut employé par des personnes de la région sans lien avec l'institution de la Tombe : prêtres d'Amon*, de Mout* ou de Montou, scribes du grenier et du trésor d'Amon.

À l'époque saïte, plusieurs vastes sépultures de princesses de la famille royale furent aménagées dans le cirque nord du site (fig. 21), notamment celles des divines adoratrices, Nitocris, fille de Psammétique Ier, et Ânkhnesnéféribrê, fille de Psammétique II, dont les magnifiques sarcophages se trouvent aujourd'hui respectivement au musée du Caire et au British Museum. Celui d'Ânkhnesnéféribrê fut réutilisé à l'époque ptolémaïque par un prophète de Montou.

Le site continua à être exploité comme nécropole durant la période ptolémaïque et un temple fut élevé sur l'emplacement de la chapelle d'Hathor (voir *infra*).

LE DOMAINE DE LA TOMBE

Le site de Deir el-Médina ne représente qu'une partie du domaine de la Tombe et de l'espace quotidien des membres de l'équipe et de leurs familles, sur la rive occidentale thébaine et au-delà.

Le chantier : la Vallée des Rois et la Vallée des Reines

Le cœur de l'institution de la Tombe, c'est naturellement le chantier de la sépulture royale en cours d'aménagement dans la Vallée des Rois, en contrebas de la cime thébaine. Si les explorations anciennes, principalement destinées à découvrir d'éventuelles tombes inviolées, ont contribué à faire disparaître une partie des installations correspondant à chacun des chantiers successifs, il a cependant été possible, grâce à des fouilles récentes, de mettre en évidence divers aménagements en relation avec eux. D'autre part, un grand nombre d'ostraca* ayant un rapport direct avec le travail effectué dans ces hypogées* ont été recueillis lors du dégagement des entrées de ces tombeaux, parmi lesquels, notamment, le plan de la tombe de Ramsès VI (fig. 22).

Cette documentation a permis de reconstituer les étapes et l'organisation quotidienne du chantier. Celui-ci débutait généralement peu de temps après le couronnement du souverain. La phase préliminaire consistait pour le vizir et divers hauts fonctionnaires à choisir le meilleur emplacement pour la tombe, en veillant à ce que son tracé ne recoupe pas celui d'un hypogée

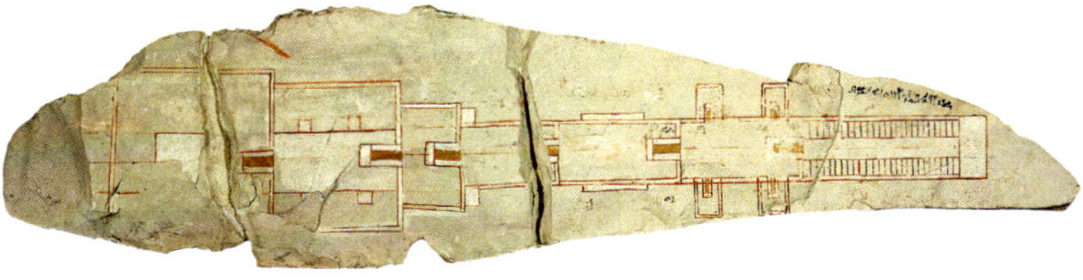

Fig. 22. Ostracon figurant le plan de la tombe de Ramsès IX, musée du Caire, 25184. © J.-Fr. Gout et A. Minault-Gout.

antérieur, comme ce fut le cas pour la tombe de Sethnakht, qui croisa celle d'Aménemès lors de son creusement.
Le plan de l'hypogée était alors déterminé. Celui de la sépulture de Ramsès IV est conservé au recto d'un papyrus conservé à Turin, tandis qu'un grand nombre d'ostraca donnent l'état d'avancement du travail (fig. 23) et les dimensions des pièces où il s'effectua.

Ce sont les carriers et tailleurs de pierre qui intervenaient les premiers pour excaver, à l'aide de ciseaux en bronze et de gros maillets, le tunnel qui devait conduire à la chambre funéraire. Les gravats étaient évacués dans de grands sacs en peau ou dans des couffins dont la comptabilité, régulièrement enregistrée, permettait de contrôler l'avancement du chantier.

Fig. 23. Ostracon sur lequel sont figurés des ouvriers au travail dans une tombe royale, musée de Louqsor. © G. Andreu-Lanoë.

Fig. 24. Décor de la tombe du fils de Ramsès III, Khâemouaset, dans la Vallée des Reines. © Archives Ifao/J.-Fr. Gout.

Des comptes de mèches de lampes à huile révèlent que la journée complète de travail était de huit heures. Les parois et le plafond des corridors et des pièces creusés dans le calcaire médiocre de la montagne thébaine devaient ensuite être enduits de gypse pour pouvoir être sculptés et peints. Leur décor n'était pas toujours achevé lors de l'inhumation du souverain qui intervenait à l'issue de la période d'embaumement, soixante-dix jours après son décès.

Les hommes de la Tombe œuvraient également aux sépultures des épouses royales et des princes (fig. 24) dans la Vallée des Reines et sur divers chantiers de la région, notamment vers la fin de la XXe dynastie.

Fig. 25. La station du col, au-dessus de la Vallée des Rois. © G. Andreu-Lanoë.

Étendue et délimitation de l'espace

Le domaine de la Tombe renfermait des biens particulièrement précieux qu'il convenait de délimiter et de protéger, ainsi que l'histoire contemporaine du Nouvel Empire l'a démontré. Quoique sa localisation fasse encore l'objet de discussions, le *khétem* de la Tombe apparaît dans de nombreux textes comme un complexe fortifié situé à l'entrée du domaine, ayant eu à la fois une fonction de stockage des produits nécessaires au chantier comme des denrées destinées à l'équipe, et une fonction administrative, avec l'organisation du tribunal interne à l'institution.

Les archives de la Tombe font aussi de nombreuses allusions à la présence d'*inbou(t)*, que l'on peut traduire par « murs » ou par « redoutes », qui devaient délimiter l'espace à protéger, même si l'on n'a pas conservé les vestiges archéologiques de ces aménagements.

Fig. 26. Scène de pêche dans la tombe d'Ipouy (TT 217). © Archives Ifao.

Le village, construit dans le fond du vallon de Deir el-Médina, est certes circonscrit par un mur de clôture, mais il ne s'agit en aucune manière d'une véritable enceinte susceptible de mettre les habitants à l'abri d'éventuelles agressions ou de restreindre leurs déplacements. Les sépultures des familles des membres de l'équipe et les chapelles qu'ils avaient élevées dans la partie nord du site se trouvent du reste en dehors de ce mur de clôture.

Pour se rendre à la Vallée des Rois, les ouvriers et leurs chefs passaient par la montagne, ainsi que le révèlent aussi bien les graffiti qu'ils y ont laissés en abondance que la station qu'ils ont bâtie sur le col qui surplombe la Vallée des Rois (fig. 25). Ailleurs dans la montagne, des inscriptions signalent encore l'identité des hommes de la Tombe ayant élu certains endroits comme leurs lieux de prédilection.

Beaucoup d'informations nous échappent sur les auxiliaires de l'équipe, notamment celles qui concernent les lieux où ils habitaient et œuvraient : où les fruits et les légumes, qui constituaient une part importante de l'alimentation des familles, étaient-ils cultivés ? Où les poteries livrées à l'équipe étaient-elles fabriquées ? Où était ramassé le bois de chauffage ? Où étaient remplies les jarres à eau que les ânes apportaient au Village ? D'où provenaient les poissons régulièrement fournis par les pêcheurs (fig. 26) ? Où les blanchisseurs que l'on voit au travail sur les murs de la tombe d'Ipouy lavaient-ils le linge qui leur

était confié ? Aucune institution extérieure n'étant associée à ces occupations, on doit sans doute considérer que ces lieux, quelle que soit leur situation sur la rive occidentale thébaine, « à l'extérieur », appartenaient au domaine de la Tombe.

Les temples de Millions d'Années de la rive (où le culte des rois vivants et défunts était associé à celui du dieu dynastique Amon*) se situent également « à l'extérieur » du domaine de la Tombe, malgré les liens consubstantiels qui existaient entre les hypogées* royaux et ces sanctuaires. La dissociation topographique des inhumations dans la Vallée des Rois et des temples de Millions d'Années correspond à l'évolution des dévotions monarchiques et à leur adaptation au contexte géographique thébain.

PARCOURS

Vue aérienne du site de Deir el-Médina. © P. Zignani.

Depuis la rive orientale, la montagne thébaine, bien que située à plusieurs kilomètres du bord du Nil, paraît omniprésente. Elle est dominée par une cime dont la forme rappelle celle des pyramides royales de l'Ancien et du Moyen Empire, qu'elle semble remplacer. À la différence de celles-ci cependant, les lieux de culte associés aux hypogées* des rois du Nouvel Empire leur sont topographiquement dissociés : loin d'être dissimulés, comme eux, au cœur de la montagne thébaine, ils sont répartis à la limite des cultures et de la zone désertique, où l'on trouve, disséminées parmi les collines situées en contrebas des falaises escarpées, des nécropoles de particuliers et les tombes royales de la Deuxième Période intermédiaire.

Invisible depuis la Vallée du Nil, le site de Deir el-Médina occupe une place à part dans le dispositif des vestiges pharaoniques qui y sont conservés. Étroitement associé à l'histoire des nécropoles royales et privées qui se sont déployées à partir du début du IIe millénaire sur la rive gauche du Nil, face à la capitale que les Égyptiens appelaient Ouaset ou « la Ville » par excellence, il se situe à l'interface entre les domaines des temples de Millions d'Années des souverains successifs et la montagne désertique qui ferme l'horizon.

Fig. 27. Le temple de Médinet Habou, vu depuis les hauteurs de la nécropole de Deir el-Médina. © H. Lanoë.

Le vallon choisi au début de la XVIIIe dynastie pour abriter les artisans et les artistes du nouveau chantier de la Vallée des Rois est un endroit particulier : masqué du reste de la rive occidentale thébaine par la colline de Gournet Mouraï, il était en communication directe avec le Ramesseum au nord, avec le temple de Médinet Habou (fig. 27) et la Vallée des Reines au sud, enfin avec la Vallée des Rois par un chemin qui longe le haut des falaises avant de traverser la montagne.

L'accès au site de Deir el-Médina se fait aujourd'hui par le sud, où l'on pouvait voir encore récemment les vestiges en briques crues d'un petit bâtiment qui a été interprété comme un poste de contrôle, pour aboutir à un large espace où a été aménagé le parking des visiteurs. On a alors devant soi les restes d'une agglomération qui occupe tout le fond du vallon, entre deux sentiers la séparant, à droite, de la pente abrupte de la colline de Gournet Mouraï dominée par les ruines d'un petit couvent copte, et, à gauche, d'un contrefort de la montagne thébaine qui forme un cirque fermé au nord par l'enceinte du temple ptolémaïque.

La modeste nécropole de l'est, qui s'étendait sur le bas de la colline de Gournet Mouraï dans le courant de la XVIIIe dynastie, est aujourd'hui recouverte par les déblais de la fouille du Village.

Fig. 28. La terrasse de la maison de fouilles de l'Ifao. © D. Valbelle.

Ses caveaux renfermaient, outre les sarcophages et le corps des défunts, du mobilier d'usage courant, qui n'avait pas été fabriqué pour l'enterrement mais devait plutôt avoir constitué l'environnement de ces hommes et de ces femmes de leur vivant : chaises, tabourets, vanneries, outils, etc. Ces objets, maintenant répartis entre le musée du Caire et le musée du Louvre, constituent un témoignage précieux sur le cadre de la vie quotidienne des premiers occupants du Village. La partie inférieure de la pente comptait une centaine de tombes d'enfants.

À l'ouest du Village, la pente de la montagne thébaine abrite les sépultures les plus riches de cette période, comme la tombe du directeur des travaux Khâ et de son épouse Méryt, dont le contenu inviolé fut découvert par E. Schiaparelli (voir historique des fouilles). Elle accueille également la nécropole ramesside, dont sept tombes sont actuellement visitables.

La partie méridionale de cette nécropole est surmontée d'une terrasse couverte qui précède la maison de fouilles de l'Institut français d'archéologie orientale aménagée par B. Bruyère en 1920 dans les vestiges des chapelles dépourvues de décor de l'étage supérieur du cimetière (fig. 28). Juste au-dessus, est encore visible le sentier que suivaient les hommes de la Tombe pour se rendre sur le chantier de la Vallée des Rois par la montagne en passant par le col où ils avaient construit une station de repos proche du chantier de la sépulture royale en cours.

Tandis que d'imposantes rampes donnent accès respectivement à la tombe du scribe Qenherkhepechef au sud de la nécropole et à celle du chef d'équipe Néferhotep vers le nord (fig. 29), la plupart des sépultures devaient disposer d'un accès plus discret ou qui a disparu lors d'aménagements ultérieurs. En effet, au cours des deux siècles de la vie de l'institution, le cimetière a été surexploité, malgré l'utilisation familiale des tombes à l'époque ramesside, les caveaux en ont souvent recoupé de plus anciens, et de nombreux litiges sont attestés par des actes juridiques. À la différence des sépultures de la XVIIIe dynastie, les chapelles de celles de cette époque surmontent directement les caveaux.

Si le cirque nord comporte des tombeaux de chefs et de membres de l'équipe ayant vécu sous les XVIIIe, XIXe, XXe et XXVIe dynasties, il renferme également plusieurs chapelles mais

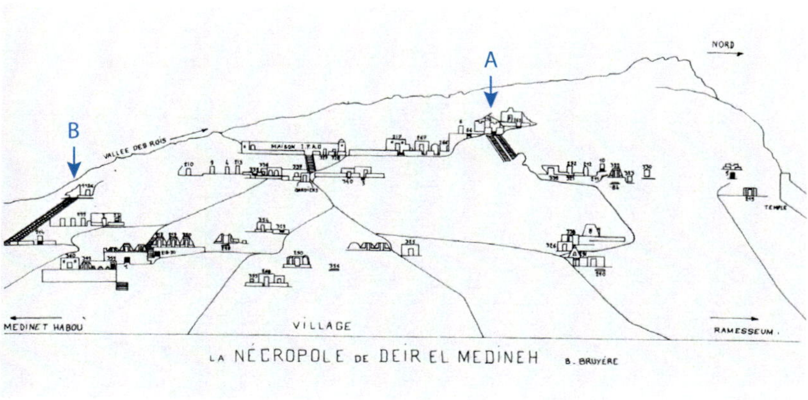

Fig. 29. La situation des tombes du chef d'équipe Néferhotep (A) et du scribe Qenherkhepechef (B). Dessin de la nécropole par Bernard Bruyère. © Archives Ifao.

c'est vers l'éperon rocheux qui ferme le vallon au nord que sont tournées la plupart des lieux de culte, les uns collectifs, les autres individuels, certains voués aux divinités locales ou à des fêtes importantes dans la région, d'autres à la mémoire des souverains inhumés dans la Vallée des Rois.

Accolée au mur nord du Village, une autre chapelle semble, ainsi que le suggère son décor, vouée à une célébration locale de la fête d'Opet*. Certaines se trouvent à l'intérieur de l'enceinte du temple qui sera construit à l'époque ptolémaïque. D'autres sont situés au nord de cette enceinte, dans le cirque suivant, tandis que quelques-unes leur font face au pied de la colline de Gournet Mouraï.

Au centre de ce cirque, subsiste une vaste dépression où l'on découvre, en approchant, les restes de volées d'escaliers qui couraient le long des parois d'un puits de 27 m de côté en surface et 8 m dans le fond. Resté inachevé (voir historique des fouilles), il devint une décharge monumentale où furent retrouvés plusieurs milliers d'ostraca*, témoins de la vie, du travail et de la culture des hommes de la Tombe.

Four
Colonne
Mortier
Zir
Auge
0
20 m
Vestiges de la XVIIIe dynastie

LE VILLAGE

Plan du Village de Deir el-Médina sous les XVIIIe-XXe dynasties © I. Horisberger et M. Berti.

Les archives locales désignent l'agglomération dans laquelle étaient logées les familles des membres de l'équipe par l'expression *pa démi*, que l'on a coutume de traduire « le Village » par excellence, mais qui peut s'appliquer à de véritables villes d'importances diverses.

Fig. 30. Vue du village. © C. Quentinet.

LE VILLAGE TEL QU'ON LE VOIT AUJOURD'HUI

L'agglomération que l'on a sous les yeux a commencé à être dégagée brièvement, d'abord en 1909 par une mission italienne, puis en 1913 par une mission allemande, enfin systématiquement en 1934-1935 par Bernard Bruyère (fig. 30). C'est grâce à ce dernier que le visiteur a encore aujourd'hui l'opportunité de découvrir la vision, unique, de cette localité destinée à recevoir une équipe d'artisans et d'artistes au service de Pharaon.
En effet, l'archéologue consacra un effort considérable à restaurer les murs des habitations avec les matériaux qui provenaient de leurs ruines. Certains quartiers ont gardé leur structure d'origine, tandis que d'autres ont été reconstitués de manière plus hypothétique. Depuis 1934-1935, ces vestiges, qui ont été reproduits dans tous les manuels, constituent l'une des images les plus répandues de l'urbanisme pharaonique.

La fonction de cet habitat et son histoire, tout au long du Nouvel Empire, en font un cas d'école. La conservation exceptionnelle de cet ensemble tient à sa situation en milieu désertique, en dehors des zones urbaines, où les bâtiments n'ont pas cessé de se superposer jusqu'à aujourd'hui, et à l'écart des étendues cultivées. Le site a cependant servi de nécropole à l'époque gréco-romaine, ce qui a contribué à perturber les vestiges de certains quartiers.

Le visiteur sera peut-être déconcerté de ne pas avoir l'autorisation de circuler dans les rues de l'agglomération, d'entrer dans les maisons, de découvrir les aménagements et les restes de décor conservés. Il doit se rappeler que la préservation de ces vestiges exceptionnels impose quelques restrictions. En effet, la plupart des établissements qui pourraient lui être comparés dans la Vallée du Nil sont soit totalement remblayés, soit détruits.

Les pages qui suivent sont destinées à mettre en évidence tout ce qui est observable de l'extérieur, et à évoquer ce qui n'est pas visible aujourd'hui, mais mérite d'être décrit, à l'aide d'une illustration complémentaire.

LE VILLAGE SOUS LA XVIIIe DYNASTIE

Le fond du petit ouadi où fut construit le Village, relativement plat dans sa partie nord, se creuse progressivement vers le sud. C'est pourquoi la partie nord fut colonisée en premier. L'établissement s'étendit ensuite sur les vestiges des premières occupations et sur les décharges accumulées en direction du sud, contribuant ainsi à régulariser l'espace disponible.

L'enceinte

Du Village fondé par Thoutmosis Ier, on distingue encore nettement le tracé de la première enceinte intégré dans le tissu urbain des périodes suivantes, en dépit des multiples transformations qu'elle a connues en plusieurs siècles. Ce tracé irrégulier s'explique d'abord par la configuration du fond du vallon, mais aussi, sans doute, par l'existence préalable d'un premier établissement, qui a occupé la partie nord du ouadi sur une sorte de terrasse et dont les restes en blocs de calcaire peuvent être observés au nord-ouest, sous les briques de l'enceinte. Des segments de cette enceinte ont été conservés dans toute la partie nord et à l'est, jusqu'à la fin de l'occupation du Village. L'étude de cette même enceinte a montré qu'elle comporte des segments rectilignes et un segment au tracé sinueux du côté occidental (fig. 31), ainsi que des raccords, témoins de plusieurs modifications.

Fig. 31. Vestiges de l'enceinte du village de Thoutmosis Ier. © D. Valbelle.

Fig. 32. Briques estampillées au cartouche de Thoutmosis Ier. © D. Valbelle.

On notera que les quatre angles sont arrondis, ce qui est inhabituel dans le plan des villages ouvriers connus ailleurs en Égypte. La structure du mur, réservant des canaux longitudinaux de 10 cm de large entre les briques de 32–38 × 16–20 × 15 cm, se retrouve dans l'enceinte du village des ouvriers d'Amarna.

L'utilisation de briques estampillées au nom de naissance de Thoutmosis Ier, Âakhéperkarê (fig. 32), constitue une caractéristique importante : l'empreinte du cartouche figure sur un seul côté, rarement disposé à la partie supérieure des briques. L'emploi de briques estampillées au nom du commanditaire d'une fondation semble attesté à partir d'Ahmosis, dans son complexe funéraire d'Abydos. On retrouvera cette pratique durant tout le Nouvel Empire et au-delà, par exemple des briques au nom du premier prophète d'Amon Menkhéperrê sur les sites d'el-Hiba, de Karnak ou de Gébelein sous la XXIe dynastie, et de briques ou d'estampoirs aux noms de plusieurs souverains de la XXVe dynastie à Thèbes. À Deir el-Médina ont été mises au jour, dans des contextes divers, des briques au nom de plusieurs souverains : Thoutmosis III et Thoutmosis IV, Amenhotep III et Amenhotep IV.

Les vestiges d'habitations

Les vestiges des habitations contemporaines de l'enceinte de la XVIIIe dynastie ne sont pas visibles aujourd'hui, mais restent importants pour le visiteur, plusieurs sépultures de cette époque ayant subsisté dans les cimetières qui encadrent le village. Deux d'entre elles – celle de Khâ et celle de Sennéfer – étaient inviolées lors de leur découverte et leurs mobiliers respectifs ont enrichi les collections de plusieurs grands musées (voir historique des fouilles).

Fig. 33. Deux étapes des constructions intérieures au village de Thoutmosis Ier, sous les vestiges du village ramesside. © I. Horisberger.

Si les traces archéologiques de ces habitations ne permettent pas de reconstituer le plan général de ce premier établissement, elles démontrent sans ambiguïté qu'il était totalement différent de celui de l'époque ramesside et qu'il a été modifié plusieurs fois avant celle-ci.

En effet, des segments de maçonneries, contemporaines de l'enceinte de Thoutmosis Ier, mais appartenant à au moins une douzaine de phases distinctes, ont pu être mises au jour dans le centre et dans le sud du périmètre circonscrit. Le sol correspondant se situe souvent à un mètre et plus au-dessous du sol des maisons ramessides.

Certains aménagements sont particulièrement révélateurs de transformations majeures (fig. 33).

La partie intérieure de trois murs en pierres liées à la *mouna** d'une pièce d'habitation de 2 m sur au moins 2,50 m a été dégagée sous le sol d'une maison ramesside.

Un sondage a révélé la présence d'une épaisse accumulation de litières d'animaux – bovidés et ânes – dans toute la partie sud de l'établissement, secteur qui était séparé de la partie résidentielle par une muraille nord-sud dont la fondation en pierre subsiste sur une hauteur de 60 cm sous les niveaux ramessides : au début de la XVIIIe dynastie, des animaux domestiques étaient parqués dans un espace spécifique à l'intérieur même de l'enceinte.

Fig. 34. Vue d'un silo de la XVIIIe dynastie sous le carrefour de deux rues du village ramesside.© D. Valbelle.

La découverte d'un silo de 1,75 m sur 1,85 m en briques, profond d'au moins 0,70 m, enduit intérieurement de *mouna* et recouvert de plusieurs niveaux de sols (fig. 34) sous le carrefour des deux principales rues du dernier village, montre que ni la rue axiale nord-sud, ni la rue secondaire est-ouest ne passaient à cet endroit sous la XVIIIe dynastie.

L'angle de deux murs d'une habitation et un deuxième silo quadrangulaire appartiennent sans doute au même niveau de construction.

C'est sous le règne d'Horemheb qu'une deuxième enceinte vient se greffer sur le flanc ouest de celle de Thoutmosis Ier (fig. 35), au moment où, après le retour des artisans et artistes qui avaient été envoyés à Amarna et à Memphis, sur les chantiers royaux d'Akhénaton, le roi crée la fondation de « la Tombe » par excellence, celle du roi régnant. À la différence de la première enceinte, aucune brique estampillée ne semble avoir été employée dans ses maçonneries.

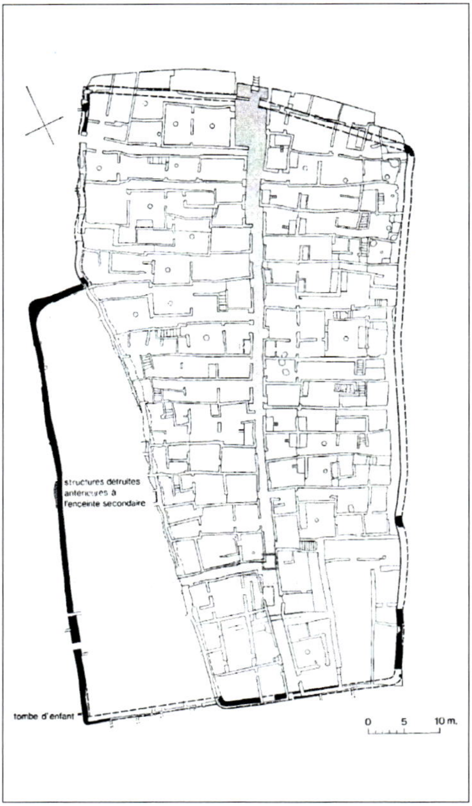

Fig. 35. L'agrandissement du village sous Horemheb, lors de la création de l'institution de la Tombe. © I. Horisberger.

Elle est donc datée par chronologie relative, en relation avec l'information que fournit un ostracon* sur les mesures prises par ce roi en l'an 7 de son règne et l'agrandissement nécessaire du volume de l'équipe pour répondre à l'évolution du plan et du décor des hypogées* royaux.

En occupant un secteur situé à un niveau supérieur à celui de l'établissement primitif, mais devenu cohérent par rapport à l'exhaussement intérieur de plus d'un mètre durant la XVIIIe dynastie, elle détermine un espace irrégulier, mais qui vient partiellement compenser la partie la plus étroite de l'ancien établissement en s'alignant au sud sur le segment méridional de la première enceinte.

Son tracé est constitué de segments rectilignes de quelques mètres chacun, présentant des variations d'orientation.

Fig. 36. Inhumation d'un enfant dans un coffre de ménage sous l'enceinte d'Horemheb. © D. Valbelle.

Il semble qu'à ce moment la première enceinte soit déjà partiellement ruinée. Une tombe d'enfant inhumé dans un coffre de ménage (fig. 36) a été découverte dans la tranchée de fondation du mur, montrant que les niveaux inférieurs du cimetière occidental s'étendaient jusqu'à l'enceinte primitive du Village.

Un troisième et dernier chantier achève de régulariser la forme générale de l'établissement et accroît considérablement sa capacité d'hébergement sous le règne de Séthi Ier. La datation de ce dernier agrandissement est assurée par la présence, à l'angle sud-ouest du nouvel espace bâti, des habitations de Sennédjem et de son fils Khâbékhénet (fig. 37), dont la carrière est précisément située dans l'histoire de l'institution.

Fig. 37. Vue des habitations de Sennédjem et de son fils Khâbékhénet à l'angle sud-ouest du village ramesside. © D. Valbelle.

L'enceinte

L'enceinte, telle qu'on peut la voir aujourd'hui, est donc composée de segments appartenant respectivement aux règnes de Thoutmosis Ier, d'Horemheb et de Séthi Ier. Les restaurations qui interviennent dans la partie nord sur les enceintes précédentes en briques crues et les nouveaux segments élevés autour de la superficie gagnée sur les décharges méridionales du village qui comblent la dénivellation du fond du ouadi sont faites à l'aide de blocs de calcaire bruts jointoyés à la *mouna**. L'ensemble était recouvert d'un enduit également en terre, recouvert d'un lait de chaux. Les textes contemporains montrent que cette enceinte était un mur de clôture délimitant les contours de l'agglomération, plutôt qu'un dispositif destiné à empêcher les habitants de sortir ou une fortification susceptible de les protéger.

Le village au début de la XIXᵉ dynastie

Après ce dernier agrandissement, le Village couvre une superficie de 5600 m². Les murs des maisons correspondant aux périodes précédentes n'étant que ponctuellement décelables dans le sous-sol du village ramesside, on peut supposer qu'un nivellement général a été opéré sur l'ensemble de la nouvelle superficie disponible. Seuls quelques segments des enceintes précédentes restaient apparents. À la différence d'autres établissements ouvriers conçus pour une période plus courte, le plan d'urbanisme développé au début de la XIXᵉ dynastie est irrégulier.

Il s'adapte à la fois au contexte géographique et aux grandes modifications antérieures de l'établissement : il est donc distinct d'un quartier à l'autre en fonction de la situation des enceintes précédentes et de la nature du sous-sol, meuble ou rocheux (fig. 38).

Fig. 38. Le village vu depuis le nord.
© Archives Ifao/J.-Fr. Gout.

Les murs des habitations reposent directement sur le rocher naturel dans le nord du village et sur les côtés est et ouest, tandis qu'ils sont élevés sur des couches de limon damé dans le sud, sans fondations. Les matériaux de construction sont des blocs de calcaire plus ou moins régularisés utilisés surtout dans les parties basses des murs et des briques crues, le tout recouvert d'un enduit de *mouna** et de multiples badigeons de lait de chaux. L'analyse des élévations montre de nombreuses transformations et reconstructions dans les habitations, ce qui est naturel sur environ deux siècles d'occupation.

Cinq quartiers, séparés par une rue axiale nord-sud et par plusieurs rues transversales est-ouest, comprennent soixante-huit habitations. Une porte, au nord, donne accès à la rue longitudinale qui se décale vers l'ouest au-delà du segment sud de l'ancienne enceinte et une poterne ouvre, à l'ouest, sur une rue transversale.

Les maisons de Deir el-Médina

Contrairement aux maisons des villages ouvriers, comme ceux de Tell el-Dab'a, d'Illahoun ou d'Amarna conçus en une seule fois et habités pendant une période relativement courte, les habitations de Deir el-Médina présentent des configurations variables, mais comportent globalement les mêmes composantes (fig. 39) : une première pièce souvent pourvue d'un autel de fécondité (voir *infra*), une salle de séjour dont le toit était soutenu par une colonne et équipée d'un divan, une ou deux petites chambres et un escalier menant sur le toit en terrasse. Une cuisine à ciel ouvert pouvait se trouver dans la rue, à l'entrée ou à l'arrière de la maison. Certaines habitations, à l'est, sont dotées d'une cave, tandis que d'autres disposaient d'un silo enterré.

Ce plan fut globalement conservé durant toute l'occupation ramesside de l'établissement, soit environ de 1295 à 1100 av. J.-C. Cependant, comme dans tout village égyptien, de multiples modifications de l'habitat rendent compte de l'histoire de ses habitants, de génération en génération, selon les besoins. Les archives de l'institution nous apprennent que ces maisons étaient attribuées aux membres de l'équipe au moment où ils étaient recrutés, et donc qu'elles ont été occupées successivement par un grand nombre de familles.

Fig. 39. Maquette d'une maison. © S. Polonovski, J.-Cl. Golvin et G. Andreu-Lanoë.

L'identification des habitants des maisons

Plusieurs catégories de monuments mis au jour dans les habitations ont permis l'identification de certains des occupants. Comme il s'agit généralement d'éléments architectoniques inscrits au nom de ceux-ci, ils renvoient le plus souvent aux familles du début de la XIXe dynastie qui ont vécu les premières dans ces maisons.

Un certain nombre d'huisseries encore en place au moment des fouilles, ou provenant des portes d'entrée en calcaire, révèlent l'identité de ces premiers occupants. C'est aussi à la surface de plusieurs bases de colonnes (fig. 40), également en calcaire, qu'est parfois conservé le nom du membre de l'équipe ayant vécu avec sa famille dans ces unités d'habitation.

Indépendamment de ces éléments structurels qui ne furent pas actualisés d'un propriétaire à l'autre, des objets inscrits au nom de membres de l'équipe et de leur famille apportent des indications plus ou moins fiables en fonction de leur nombre, mais ils sont évidemment susceptibles d'avoir été déplacés au cours des décennies de l'occupation du village. Curieusement, comme les éléments structurels, ils appartiennent essentiellement au début de la XIXe dynastie. S'il est possible d'observer, pour cette période, le regroupement de plusieurs membres d'une même famille dans le même secteur du village, la documentation relative aux occupants suivants est beaucoup plus rare. Il est donc difficile de savoir dans quelle mesure une habitation restait ou non dans la même famille sur plusieurs générations.

Fig. 40. Base d'une colonne dans la salle de séjour d'une maison. © D. Valbelle.

FOCUS

LES MAISONS DE SENNÉDJEM ET DE SON FILS KHÂBÉKHÉNET

Si l'on se place à l'angle sud-ouest du village ramesside, on découvre le quartier occupé, lors de son dernier agrandissement, par les demeures contiguës de Sennédjem – dont la tombe inviolée, située à quelques mètres, fut la première découverte sur le site en 1886 – et de son fils Khâbekhenet (fig. 41).

Leur accès se fait par une ruelle longitudinale qui s'achève, contre la paroi intérieure de l'enceinte méridionale, par un espace domestique formé d'une cuisine, où l'on voit encore les restes de fours à pains, de mortiers et de deux appentis.

L'entrée de la maison proprement dite, qui comportait des huisseries en calcaire peint en rouge pour éloigner les démons, ouvre sur une première pièce de 15 m². Contre la paroi sud, a été aménagé un autel de fécondité constitué d'une petite plate-forme fermée par un mur écran interrompu en son milieu, à la hauteur d'un petit escalier (fig. 42). B. Bruyère avait appelé « lits clos » ces dispositifs, par analogie avec les meubles bretons, mais leur caractère cultuel ne fait pas de doute, ainsi que le montre leur décor. Un fragment de celui-ci, recueilli lors de la fouille de la pièce, figure le dieu Bès*.

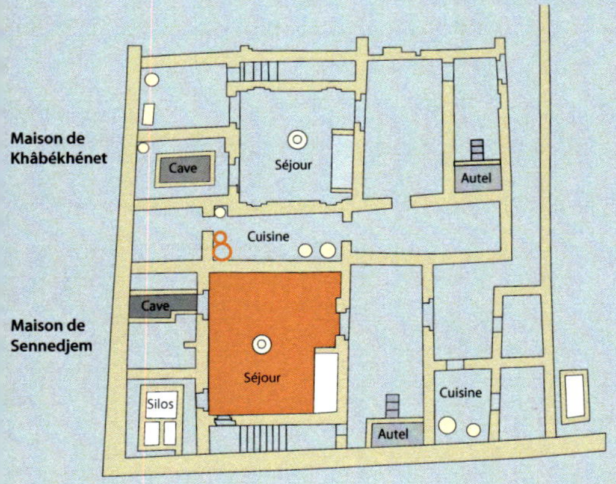

Fig. 41. Plan des habitations de Sennédjem et de son fils Khâbékhénet. © D. Valbelle.

Ce type de peinture se retrouve sur les parois de nombreux autres autels similaires, à Deir el-Médina (fig. 43) comme à Amarna. Il évoque des pratiques magico-religieuses en relation avec la naissance. Une deuxième porte, ouverte sur le côté de l'autel de fécondité, donnait accès à un réduit aménagé sous un escalier conduisant sur le toit en terrasse.

Le mur ouest de cette première pièce est percé de deux portes. L'une, située dans l'alignement de la porte d'entrée et pourvue comme celle-ci d'huisseries en calcaire peint en rouge, mène à une salle de séjour de 25 m² aux murs enduits de *mouna** recouverts d'un badigeon de chaux sur 90 cm de haut, où subsistait quelques bribes d'un dipinto* en hiératique* peint en rouge datant sans doute d'une occupation ultérieure de la demeure. Le sol est également peint en rouge et le toit en fibres de palmier était soutenu par un tronc de palmier reposant sur une base qui garde les traces d'une inscription à l'encre noire, nommant Sennédjem.

Un divan bâti contre le mur d'entrée en blocs de calcaire ravalés occupe tout l'angle sud-est de la pièce. Une porte aux huisseries de bois peintes en rouge, ouverte dans l'angle sud-ouest, donne accès à l'escalier qui longe la salle de séjour au sud, et dont six marches étaient encore conservées lors de son dégagement.

Fig. 42. Autel de fécondité dans la première pièce d'une maison. © Archives Ifao.

Le fond de la maison est occupé par deux petites pièces dans lesquelles on pénètre par deux nouvelles portes disposées dans le mur ouest de la salle de séjour.

Elles ouvrent respectivement sur un escalier aménagé dans un ancien caveau transformé en cave et dans une petite pièce dotée d'un silo à trois compartiments. Il est difficile d'affirmer que la totalité de ces aménagements sont restés intacts depuis l'époque de sa création et de son occupation par Sennédjem sous le règne de Séthi Ier jusqu'à l'abandon du village, sous celui de Ramsès X, ou s'ils ont subi des transformations.

La demeure voisine fut attribuée au fils de Sennédjem, Khâbékhénet, ainsi que le révèle le décor primitif de la salle de séjour dont les murs sont conservés sur 2 m de hauteur: quatre stèles fausses-portes réparties aux deux extrémités des parois nord et sud comportaient la figuration de Khâbékhénet en adoration devant le cartouche de la reine Âhmès Néfertari*, la mère du roi divinisé Amenhotep Ier* dont le culte était particulièrement populaire sur toute la rive occidentale à l'époque ramesside.

D'une superficie sensiblement supérieure, elle comprend les mêmes pièces que la plupart de habitations du village, mais elle a subi plusieurs modifications au cours des XIXe et XXe dynasties pour répondre aux besoins de ses occupants successifs, et sa cuisine en longueur constitue une séparation inhabituelle entre les deux maisons.

Fig. 43.
Décor d'un autel de fécondité figurant un dieu Bès ailé (d'après B. Bruyère, FIFAO 16, Le Caire, 1939, p. 255, fig. 131).

Décor et aménagement cultuels des habitations

Fig. 44. Décor d'un autel de fécondité figurant une danseuse tatouée. © Archives Ifao/A. Lecler.

Fig. 45. Buste anthropoïde de femme, Turin, Museo Egizio, C 3080. © Museo Egizio.

L'observation des différentes habitations conservées livre d'intéressants compléments aux dispositifs internes, mais surtout aux décors présents dans les deux premières pièces, sur les autels de fécondité et sur les murs des salles de séjour.

Les autels de fécondité conservent des peintures en noir et blanc qui évoquent majoritairement le dieu Bès* ailé dansant et jouant du tambourin, dans son rôle de protecteur de la parturiente.

Ailleurs, le dieu apparaît sous la forme d'un grand masque en haut relief et peint. D'autres décors figurent la femme à sa toilette.

Plusieurs étaient polychromes : l'une figurait un jeune garçon sur un esquif, allusion probable au jeune Horus* dans les marais de Khemmis ; la plus célèbre représente une femme nue au milieu de guirlandes de feuilles, jouant de la flûte tout en dansant, dont les deux cuisses sont tatouées d'une petite figure de Bès (fig. 44). L'identification récente de tatouages sur une momie de Deir el-Médina enrichit notre connaissance de cette pratique à l'époque ramesside.

Étroitement associé aux rites en relation avec la fertilité et l'accouchement, le culte des ancêtres illustre le lien entre les générations, auquel les anciens Égyptiens portaient un intérêt largement attesté. Il se manifeste dans deux catégories d'artefacts : les bustes anthropomorphes* (fig. 45) – appelés « bustes de laraires » par B. Bruyère – et les stèles d'*akh-iqer* de Rê* (fig. 46) ; les premiers évoquent un homme, une femme ou un couple de la famille, le plus souvent anonyme, auquel un culte domestique est rendu, tandis que les secondes distinguent un ou deux défunts ayant accédé à un statut de caractère divin, et auquel(s) on adresse offrandes et prières.

Fig. 46. Stèle de l'*akh-iqer* Panakht, musée du Louvre, E 16367. © musée du Louvre, dist. RMN Grand Palais/Chr. Décamps.

Diverses divinités sont aussi l'objet de cultes domestiques dans de petites niches pourvues d'un encadrement en calcaire finement sculpté et fermées par des vantaux en bois : Méresger*, Rénénoutet*, Sobek-Rê* ou Ptah*. Quelques stèles dédiées à d'autres divinités, comme Hathor*, Anouqet*, Rê-Horakhty* ou Harsiésis*, découvertes dans les maisons et plusieurs niches voûtées où

Fig. 47. Dipinto d'Amenhotep-de-la-ville dans une maison du village (d'après B. Bruyère, FIFAO 16, Le Caire, 1939, p. 322, fig. 192).

elles devaient prendre place, laissent supposer qu'au moins une partie d'entre elles étaient destinées à des cultes domestiques. Il n'est cependant pas exclu que certains de ces monuments aient été prévus pour des chapelles ou des sépultures extérieures au village proprement dit.

Les salles de séjour pouvaient être, comme celle de Khâbékhénet, ornées de stèles fausses-portes aménagées dans l'épaisseur des murs. Le décor central était consacré au culte d'Amenhotep Ier*, patron du Village, et de sa mère Âhmès Néfertari*. Dans la demeure voisine, occupée par Parâhotep, un dipinto* noir sur le fond blanc du mur représentait un cortège se dirigeant vers le roi divinisé (fig. 47). Ces dessins et plusieurs inscriptions en hiératique*, qui datent de diverses périodes de l'occupation de l'agglomération, se sont plus ou moins bien conservés.

Les recensements des habitants du Village

Les informations qui nous sont parvenues concernant l'attribution de certaines habitations durant la XXe dynastie proviennent essentiellement des inscriptions des maisons et d'une catégorie de documents papyrologiques : les listes de recensements des habitants du Village, connues sous le nom de *Stato civile* (fig. 48).

Ces listes énumèrent en colonnes, maison par maison, les noms des habitants, suivis de ceux de leurs parents. Cependant elles ne couvrent que partiellement les dernières décennies de l'occupation du Village, les papyrus sur lesquels les archives étaient tenues étant régulièrement lavés et réutilisés. Malheureusement, la comparaison de passages des différentes listes montre que l'ordre dans lequel les foyers sont énumérés ne semble pas topographique. Elles ne permettent donc pas de situer les habitations mentionnées.

Leur intérêt est tout autre. Elles donnent une bonne idée du nombre de membres de chaque famille présents dans ces maisons de fonction et des liens de parenté qui les unissaient. Chaque célibataire recruté dans l'équipe de la Tombe se voyait pourvu d'une habitation, tout comme les couples mariés avec ou sans enfants. Le nombre des enfants recensés par maison varie

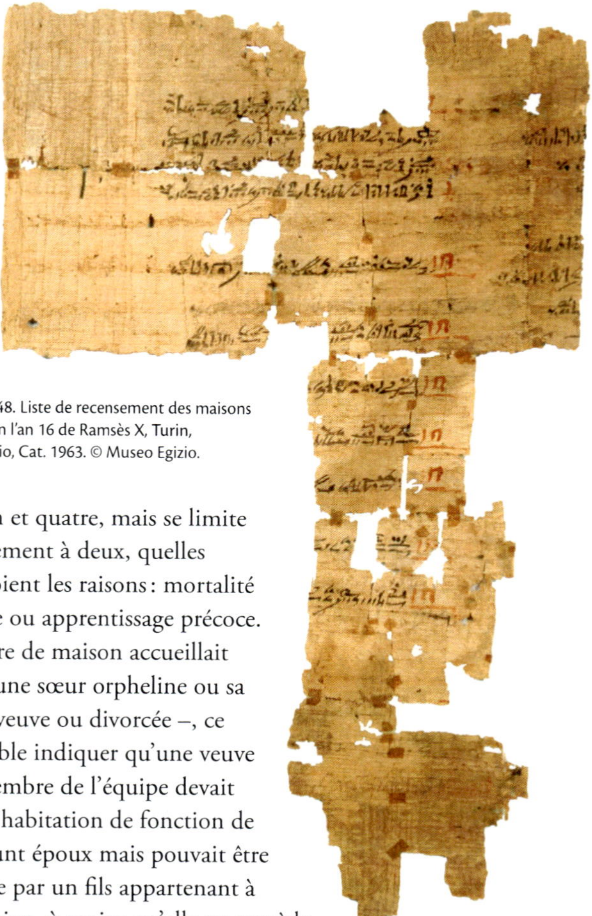

Fig. 48. Liste de recensement des maisons du village en l'an 16 de Ramsès X, Turin, Museo Egizio, Cat. 1963. © Museo Egizio.

entre un et quatre, mais se limite généralement à deux, quelles qu'en soient les raisons : mortalité infantile ou apprentissage précoce. Le maître de maison accueillait parfois une sœur orpheline ou sa mère – veuve ou divorcée –, ce qui semble indiquer qu'une veuve d'un membre de l'équipe devait libérer l'habitation de fonction de son défunt époux mais pouvait être hébergée par un fils appartenant à l'institution, à moins qu'elle ne possède une maison hors du Village.

Bien qu'aucune des listes qui nous sont parvenues ne comporte de date, on peut la déduire approximativement de l'identité des personnes mentionnées et de l'évolution des foyers enregistrés, ce qui permet de les classer chronologiquement entre le règne de Ramsès IV et l'an 16 ou 17 de Ramsès IX. La fréquence de ces recensements – au moins tous les 6 ou 7 ans – montre la vigilance des responsables de l'institution dans la répartition des maisons du Village et le contrôle effectué sur l'identité précise de leurs occupants par les scribes.

La vie dans le Village

Pour nous représenter la vie dans et aux alentours du village, nous avons la chance de disposer, outre les vestiges et les listes de recensements qui viennent d'être évoqués, des peintures des tombes du cimetière, de nombreux objets de vie quotidienne, de centaines de documents d'archives qui mentionnent les activités et les relations des familles, y compris le *Journal de la Tombe* et une abondante correspondance, qui révèlent aussi bien les grands événements auxquels les membres de l'équipe étaient associés, que les péripéties de leur existence au quotidien. Celle des hommes est rythmée par les journées de travail sur le chantier de la Tombe ou sur d'autres chantiers de la région auxquels ils sont affectés, par diverses réalisations artisanales qu'ils effectuent pour leur propre compte selon leurs compétences – sculpture, ébénisterie, peinture, rédaction de *Livres des Morts*, etc. – ou contre rétribution et par leur contribution à l'organisation de la communauté.

Les peintures de la tombe d'Ipouy illustrent de manière particulièrement vivante la fabrication de pièces de mobilier cultuel. D'autres scènes de la même sépulture se déroulent en

Fig. 49. Le transport de l'eau dans des outres et l'élevage de chèvres figurés dans la tombe d'Ipouy. © Archives Ifao.

dehors du Village, dans la campagne ou sur les rives du Nil. La pêche au filet est suivie de la mise en sacs et du transport des poissons, de leur séchage, de leur vidage et du rafistolage des filets. Ailleurs, des hommes coupent du bois au milieu d'un troupeau de chèvres (fig. 49) ou transportent des outres pleines d'eau, tandis que d'autres font la lessive dans des sortes de grandes bassines en terre cuite. Ces images sont indirectement commentées par des actes de troc, par les comptes de livraisons des denrées que fournissaient les auxiliaires aux membres de l'équipe, par des reçus de prêts d'ânes pour les transports et des listes de blanchisserie.

Les hommes consacrent une part importante de leur temps à la préparation de leur propre sépulture dans le cimetière qui occupe la totalité du flanc de la montagne thébaine à l'ouest du Village, et à réaliser le mobilier funéraire qui les accompagnera (fig. 50), ainsi que leur famille, dans l'au-delà. Quelques ostraca* et papyri narrent les péripéties qui présidaient à l'attribution des concessions funéraires et aux conflits relatifs aux droits de propriété qui s'ensuivaient. Un examen attentif des décors permet parfois de déterminer les auteurs de certaines des peintures.

Fig. 50. Fabrication de mobilier funéraire dans la tombe d'Ipouy.

LES CONFLITS

Dans la communauté de Deir el-Médina, les habitations du Village étaient contiguës et les hommes quotidiennement confrontés aux richesses des sépultures royales dans lesquelles ils travaillaient. Durant la majorité de la XXe dynastie, les artisans subissaient des retards récurrents dans le versement de leurs salaires. Les conflits étaient fréquents.

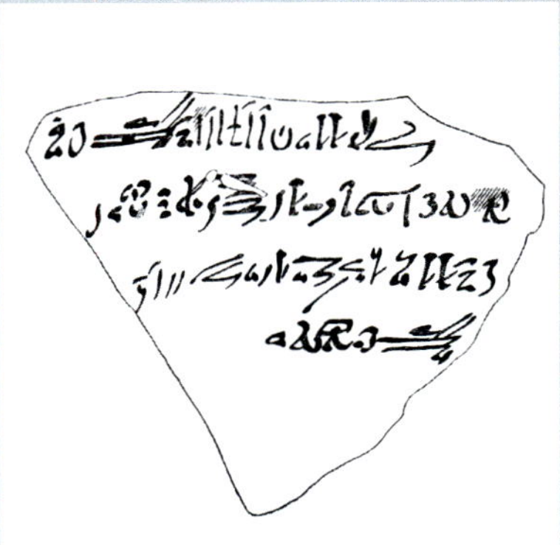

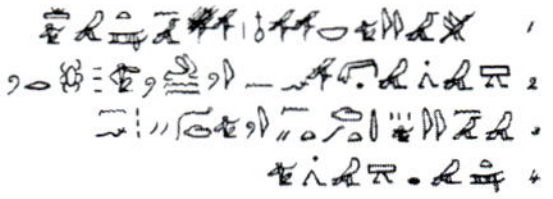

92. Ostr. Gardiner 198. — Tesson, hauteur 0 m., 11, longueur 0 m., 14; complet. Cf. planche XXIV, n° 92.

« Mon bon Seigneur, n'ai-je pas
à aller devant lui? Si des menaces surgissent
dans les paroles que je lui dirai,
c'est que je ne dois pas aller. »

Fig. 52a-b. Question présentée aux oracles (O. Gardiner 198) : « Mon bon seigneur, n'ai-je pas à aller devant lui ? Si des menaces surgissent dans les paroles que je lui dirai, c'est que je ne dois pas aller » (d'après J. Černý, *BIFAO* 72, p. 67 et pl. XXIV).

Ils nous sont connus par des dénonciations, des comptes rendus d'audiences, des contrats, des lettres et divers procédés utilisés pour déterminer les responsables.

Les désaccords les plus anodins se font jour dans la correspondance, où certains se plaignent du comportement de leurs collègues. L'usage répandu du troc, attesté par de nombreux ostraca et poids, donnait volontiers lieu à des contestations. D'autres ostraca révèlent aussi les revendications d'ouvriers sur la concession funéraire qui leur a été accordée et qui, au bout de plusieurs siècles, recoupe souvent d'anciennes sépultures. De menus larcins font l'objet de diverses sortes d'investigations, en donnant lieu notamment au tirage au sort de segments de roseaux inscrits et à une procédure oraculaire.

Pour élucider certains litiges, la statue du dieu était sortie et promenée par des porteurs selon un parcours dont quelques passages nous sont connus (fig.51).

Des questions sur ostraca (fig. 52a-b) lui étaient soumises. La statue avançait ou

Fig. 51. Figuration de l'oracle d'Amenhotep Ier dans la tombe d'Amenmosé (TT 19) (d'après G. Foucart, MIFAO 57/3, pl. 28-32).

reculait pour en conforter ou en réfuter le contenu. Ou bien une affirmation et son contraire lui étaient présentés, entre lesquels la divinité était appelée à se prononcer en se dirigeant vers l'une ou l'autre.

Les véritables conflits internes étaient soit traités dans le tribunal de l'institution, soit transmis aux instances régionales. Parmi les textes juridiques sur papyrus provenant du site, certains révèlent des litiges, notamment dans le cadre d'héritages. Mais la dénonciation la plus célèbre est relatée sur le papyrus Salt (fig. 53) qui récapitule les crimes du chef d'équipe Paneb contre les biens, les hommes et les femmes de l'institution.

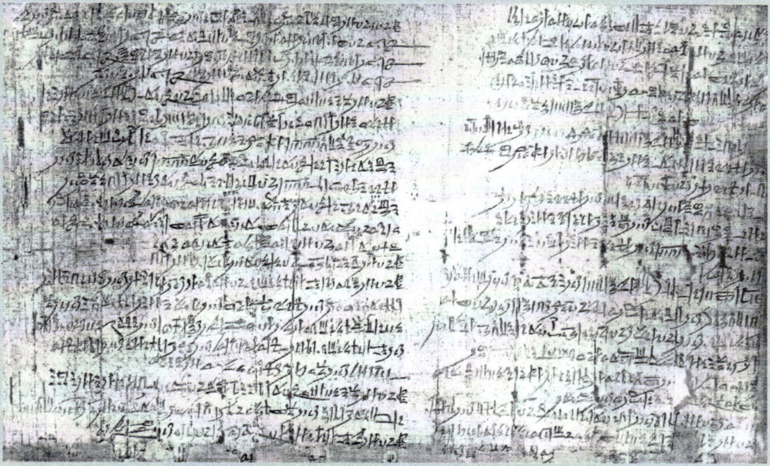

Fig. 53. Papyrus Salt 124 (BM Inv. 10005) dénonçant les exactions du chef d'équipe Paneb. © The Trustees of the British Museum.

Fig. 54. Ostracon figurant une femme proposant une coupe à une autre femmme assise sur un lit. © Archives Ifao.

On est moins bien informé sur les activités des femmes du village. Le décor des tombes les montre aux côtés de leurs époux, plusieurs autels de fécondité et des ostraca* les figurent à leur toilette (fig. 54), les *Chants d'Amour* exaltent leurs qualités. Le testament de Naunakhte atteste leur capacité juridique à disposer de leurs biens, au même titre que les hommes. Dans la maison, elles bénéficiaient de l'aide de l'institution, notamment pour l'approvisionnement en eau, en bois de chauffage et en vaisselle, pour la lessive – qui semble du ressort des blanchisseurs – et la mouture du grain en farine – accomplie par des femmes en servitude. Certaines étaient également déchargées de tâches ménagères par des domestiques privés. Une abondante documentation montre l'importance accordée à leur rôle de mère ; néanmoins, elles pouvaient être assistées par une nourrice.

Les jeunes enfants, filles et garçons, sont présents sur les murs des tombes, nus et parés de leurs seuls bijoux (fig. 55) aux côtés des adultes, et sont mentionnés dans les listes de recensements des maisons du Village.

Nous ne savons presque rien de leurs occupations ou de leurs jeux, sinon le nom qu'on leur donnait : *mes-kher* « enfant de la Tombe ». Ils rendaient de menus services, avant d'être progressivement initiés aux différentes spécialités pratiquées dans l'institution. Leur nombre est variable, jusqu'à une cinquantaine exceptionnellement.

Les enfants de scribes, pour le moins, suivaient un enseignement pendant plusieurs années. Dans une lettre à son fils, le scribe Boutehamon écrit : « Ne laisse pas les petits garçons qui sont à l'école abandonner leur pratique des écrits. »

Fig. 55. Une enfant soulevant un sac rempli de poissons. © Archives Ifao.

L'abandon du Village

C'est dans le courant du règne de Ramsès X que les hommes de la Tombe et les familles désertent le Village, dont l'enceinte ne les protègent guère des bandes armées qui mettent à sac la rive occidentale thébaine.

Outre les pillages de sépultures royales et privées qui sévissent dans plusieurs nécropoles régionales et les mouvements sociaux déjà évoqués, le *Journal de la Tombe* signale, à maintes reprises, le danger que représentent les razzias de Libyens et de Méchouechs* dès l'an 9 de Ramsès IX.

Les listes de recensement montrent que, sept ou huit ans plus tard, le village est toujours occupé, puisque sept nouveaux membres de l'équipe, encore célibataires, et dont le recrutement figure dans le *Journal de la Tombe* de l'an 16 ou 17, s'y voient attribuer une maison.

Les témoignages concrets de la présence d'habitants dans l'agglomération sont peu nombreux ultérieurement.

Un dipinto* très endommagé subsiste dans une maison dont les habitants sont mentionnés dans une des listes de recensement.

En revanche, les indices d'un repli des hommes et, sans doute, de leurs familles à l'intérieur des murailles du temple de Millions d'Années de Ramsès III (fig. 56) se multiplient dans les archives de l'institution, sinon dès l'an 6 de Ramsès X, du moins à partir des années 8 à 10 de ce règne, lorsque les porteurs d'eau disparaissent des listes de personnel auxiliaire.

Le *Journal de la Tombe* des années 17 et 18 de Ramsès XI lève toute incertitude sur cette question, et ce sont finalement les lettres échangées par les scribes de la Tombe qui renferment les allusions les plus déterminantes concernant la résidence de l'équipe à Médinet Habou.

On peut encore contempler à l'arrière du temple de Ramsès III les vestiges d'un petit édifice à colonnes au nom du scribe Boutehamon (voir fig. 19 et flèche de la fig. 56) ; pourvu d'une estrade, il peut être interprété comme son bureau et confirme que l'institution était bien gérée, alors, à partir de cet endroit, considéré comme sûr.

Fig. 56. Vue aérienne de Médinet Habou. © P. Zignani.

LA NÉCROPOLE

Décor du premier caveau d'Amennakht (TT 218). © Archives Ifao.

UN MONDE FUNÉRAIRE À DÉCOUVRIR

Les premiers contreforts de la montagne thébaine furent attribués aux membres de la communauté d'artisans pour qu'ils y aménagent leurs sépultures. Aujourd'hui, le cimetière se présente comme une succession de terrasses, telles que les archéologues les ont aménagées pour faciliter la promenade (fig. 57).

Fig. 57. Vue de la nécropole de l'ouest depuis la colline de Gournet Mouraï.

Les tombes que l'on visite datent toutes du temps des Ramsès (XIXe et XXe dynasties), et particulièrement de Ramsès II, dont le règne fut d'un éclat et d'une ambition sans équivalents. Seules sept tombes – sur les cinquante-quatre répertoriées – datent de la XVIIIe dynastie, mais de petite taille, elles ne sont pas ouvertes au public (fig. 58).

Fait exceptionnel en archéologie, on a pu attribuer à quinze familles non seulement leurs maisons dans l'agglomération, mais aussi les tombes qui leur étaient destinées.

L'univers des tombes de Deir el-Médina est très particulier. Bien qu'il s'agisse de l'un des sites majeurs de la nécropole thébaine, le cimetière de Deir el-Médina se distingue singulièrement de son voisin, Cheikh Abd el-Gourna*, qui abrite des chapelles de tombes de fonctionnaires thébains de la XVIIIe dynastie, dont les peintures et bas-reliefs ravissent les touristes.

Fig. 58. Le tympan inachevé de la tombe d'Amenemhat datant de la XVIIIe dynastie (TT 340). © G. Andreu-Lanoë.

On y admire les images d'un paradis composé des moments d'activités appréciées sur terre. À Deir el-Médina, ce sont des caveaux – et non des chapelles – que l'on visite. Ils permettent d'entrer dans ce monde souterrain où l'on déposait les défunts.

Fig. 59. Décor alternant textes et images dans la tombe de l'artisan Arinefer (TT 290). © Archives Ifao/J.-Fr. Gout.

Leurs murs sont couverts des prières et des dieux invoqués pour leur dernier voyage.

Les plafonds voûtés sont décorés de tableaux, disposés en caissons, qui redescendent sur les murs pour entourer le ou les cercueils de formules et de textes magico-religieux que l'on observe à l'infini. Ils opèrent comme une enveloppe supplémentaire, disposée autour du cercueil, qui protège le défunt. Vignettes et formules du *Livre des Morts** ou d'autres livres funéraires alternent dans un foisonnement polychrome (fig. 59). Sans doute influencés par la connaissance qu'ils avaient des scènes mythologiques qu'ils côtoyaient dans la Vallée des Rois et dans la Vallée des Reines pendant leurs journées de travail, les hommes de Deir el-Médina ont transposé à leur manière dans leurs caveaux ce monde infernal et ont créé leur propre répertoire textuel et iconographique.

La tombe type à Deir el-Médina

Les découvertes archéologiques ont permis de se faire une idée de la tombe type à Deir el-Médina qui, comme dans tous les cimetières égyptiens, se compose d'une chapelle et d'un caveau souvent familial, constitué parfois de plusieurs chambres. Une des caractéristiques des chapelles est la petite pyramide qui les couronne, surmontée d'un pyramidion orné d'hymnes au soleil, ici célébré depuis son lever jusqu'à son coucher.
On peut en voir trois exemples, reconstitués au nord et au sud de la nécropole, cette dernière étant située au-dessus de la tombe de Sennédjem (fig. 60).

◄ Fig. 60. Chapelle et sa pyramide reconstituée au-dessus du caveau de Sennédjem. © G. Andreu-Lanoë.

► Fig. 61. Dessin de B. Bruyère. Coupe de la tombe de Sennédjem. © Archives Ifao.

Pour visiter les tombes ouvertes au public, il faut gravir l'escalier qui mène à l'esplanade pour touristes. Ce guide suggère un ordre de visite des tombes, permettant d'aborder progressivement les richesses de cette nécropole. On commencera par les caveaux des deux tombes de Sennédjem et d'Inherkhâouy, incontournables à la visite et sur lesquelles ce guide insiste plus longuement, considérant qu'elles offrent une initiation pertinente au répertoire iconographique et religieux de Deir el-Médina. Les auteurs de ce guide, égyptologues, ont fait le choix arbitraire de détailler et d'expliquer les scènes les plus remarquables et les plus intéressantes de chaque caveau, évitant ainsi une description longue et répétitive. Il nous paraît illusoire de vouloir tout dire de ce panthéon polymorphe ou de ces textes, mais important de transmettre aux visiteurs les messages qui ont paru essentiels à la communauté de Deir el-Médina pour assurer sa survie.

Le puits qui donne accès au caveau était creusé dans la cour ou dans une des pièces de la chapelle; il desservait trois ou quatre chambres funéraires qui composaient le caveau familial (fig. 61).
Comme beaucoup de tombes antiques, la plupart des tombes de Deir el-Médina ont été réemployées et souvent pillées.
Cependant, trois d'entre elles ont été retrouvées intactes (cf. *supra*, historique des fouilles), livrant un équipement funéraire somptueux et très instructif sur les croyances funéraires au Nouvel Empire.

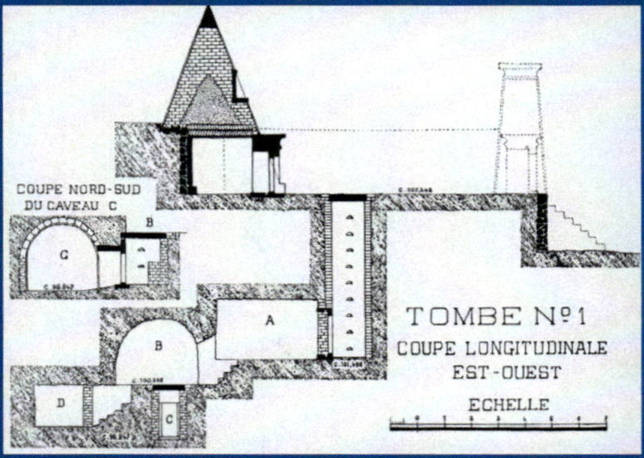

FOCUS

LE LIVRE DES MORTS

Prenant la suite des *Textes des Pyramides* qui recouvraient les parois des pyramides royales à l'Ancien Empire, puis des *Textes des Sarcophages* que l'on inscrivait à l'intérieur des cercueils en bois des notables au Moyen Empire, le *Livre des Morts*, dont le nom égyptien doit se traduire par *Livre pour sortir le jour* est un recueil de formules magiques qui doivent éviter au défunt tous les obstacles qu'il risque d'affronter dans son voyage vers l'au-delà.

Apparu au début du Nouvel Empire, il est encore en usage à l'époque romaine, connaissant des variantes en taille, en quantité de chapitres (le plus grand nombre connu étant de cent quatre-vingt-douze) et en qualité des illustrations.

En effet, les chapitres sont en général complétés par une vignette polychrome, dont le motif illustre le texte et renforce son efficacité. Le support sur lequel est écrit le *Livre des Morts* est le plus souvent un papyrus (fig. 62) que l'on déposait, après l'avoir roulé, auprès du défunt, glissé dans son cercueil ou dans un coffret dédié. Le papyrus pouvait être très développé et très illustré de vignettes peintes, le plus souvent avec talent : le British Museum en conserve un qui fait 23,60 m de long.

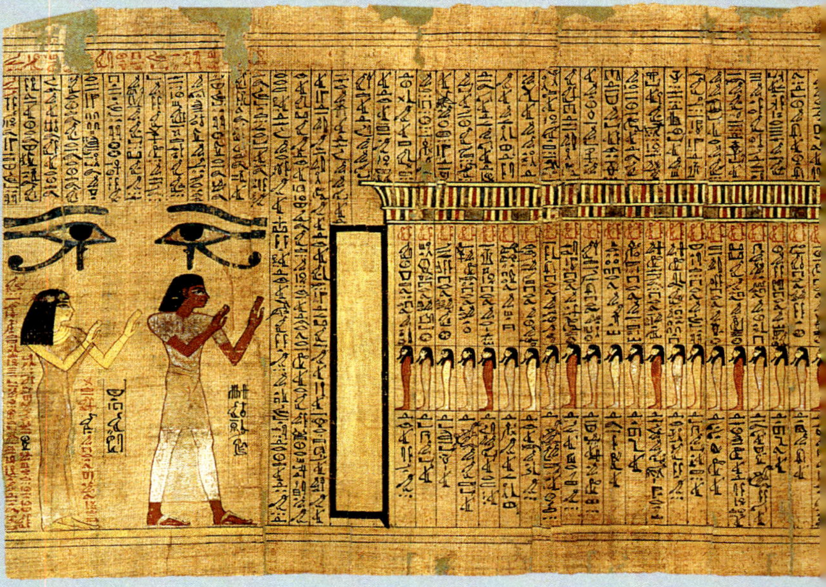

Fig. 63. Les parois et voûtes des tombes de Deir el-Médina sont couvertes de formules du *Livre des Morts*. Tombe de Pached (TT 3). © G. Andreu-Lanoë.

Une des grandes particularités des caveaux que l'on visite à Deir el-Médina réside dans le décor porté par leurs parois. Puisant leur inspiration dans les chapitres du *Livre des Morts* considérés comme les plus performants, les membres de cette communauté ont écrit et répété les formules destinées à les aider à atteindre leur « paradis ».

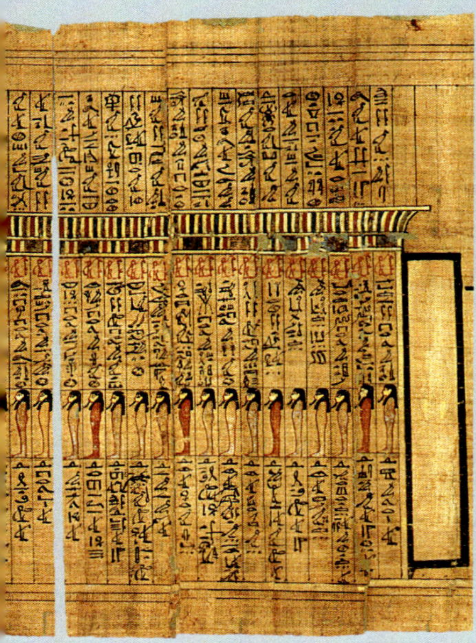

Les chapitres, le plus souvent rédigés avec soin et magnifiquement illustrés (fig. 63), ont vocation à leur permettre d'entrer dans l'au-delà et de pouvoir en sortir, de boire à volonté, de respirer la brise vivifiante, d'échapper aux travaux pénibles, de se transformer en faucon divin, de naviguer vers Abydos et de rejoindre la suite d'Osiris, le dieu des morts.

Fig. 62. Papyrus de Neferoubenef, Louvre E 854. © 2017 musée du Louvre, dist. RMN Grand Palais/H. Lewandowski.

TOMBE DE SENNÉDJEM (TT 1)

Une tombe inviolée

Découvert en 1886 par le Service des antiquités d'Égypte, le caveau de la tombe de Sennédjem fut creusé non loin de la maison de son propriétaire et à plus de 8 m sous le sol de la cour de la tombe. Il était intact.

On y retrouva neuf cercueils et onze momies, ainsi qu'un abondant mobilier funéraire (lits, coffrets, instruments de mesure, sièges, table basse) peint et inscrit aux noms du défunt et de sa famille, enterrée à ses côtés. Une porte en bois, conservée au musée du Caire, donnait accès à l'unique chambre de ce caveau voûté (fig. 64), dont les parois sont ornées, sur un fond jaune doré, de scènes religieuses destinées à permettre à Sennédjem d'accéder au royaume d'Osiris et de devenir, comme le précisent les inscriptions, « l'Osiris, le *sedjem-âch* dans la Place de Vérité, Sennédjem, acquitté* ». Sennédjem, dont on a pu reconstituer l'arbre généalogique sur six générations – il eut cinq garçons et trois filles – vécut dans la première moitié du règne de Ramsès II.

Quoiqu'on ne connaisse pas sa fonction exacte au sein de l'équipe, Sennédjem eut sans doute une position notable dans la communauté.

Fig. 64. Porte de la tombe de Sennédjem, musée du Caire, 2006. © D.R.

L'état de conservation quasiment parfait de ce caveau, qui fut peint il y a plus de trois mille ans, est sans doute ce qui frappe d'emblée le visiteur.

Les caissons du plafond

Le plafond est décoré de huit caissons séparés par des bandes de textes hiéroglyphiques peints en noir sur un fond blanc. Décor et textes ont vocation à donner à cette voûte le même rôle qu'un couvercle de sarcophage. Les prières que reçoivent les dieux invoqués doivent permettre à Sennédjem de bénéficier dans l'au-delà de « la brise et de l'eau » et « d'entrer et de sortir sans entrave de la Nécropole ».

Fig. 65. Sur un caisson, la déesse-arbre Nout offre des victuailles à Sennédjem et Iynéferti. © G. Poncet.

Les caissons, séparés par une longue bande de texte, se présentent de chaque côté comme quatre tableaux presque carrés qui correspondent chacun à un chapitre du *Livre des Morts**, nommé par les Égyptiens *Livre pour sortir au jour*. Face à diverses divinités, Sennédjem est représenté debout, les bras levés en signe de prière. Il attend de ces dieux d'être aidé à surmonter les obstacles qui l'attendent lors de son voyage nocturne. Les caissons les plus spectaculaires sont face à la porte, au-dessus de la paroi. Ils se regardent de droite à gauche.

À l'extrémité (fig. 65), le couple Sennédjem et sa femme Iynéferti, agenouillés, vêtus de blanc, coiffés de perruques tressées que surmontent un cône d'onguent, reçoivent d'une déesse qui émerge du tronc d'un sycomore des offrandes (nourriture et boissons). Le feuillage du sycomore, tantôt argenté, tantôt verdoyant, est luxuriant.

Fig. 66. Adoration de la pleine lune par le couple de défunts. © G. Poncet.

La déesse-arbre est bien connue dans le panthéon égyptien comme manifestation de la déesse du ciel Nout. Elle abreuve, nourrit le défunt et lui apporte l'air, comme le précisent les textes de ce tableau.

Le caisson suivant (fig. 66) montre le couple debout, en adoration devant une représentation de la voûte céleste pendant la nuit : un ciel d'un bleu très sombre, éclairé par sept étoiles jaunes et un disque rouge qui évoque la lune, abrite cinq divinités momiformes, soit vertes, soit rouges, considérées comme des personnifications de la nuit.

Fig. 67. Sur un caisson, le héron bleu, oiseau-bénou de Rê, symbole du soleil renaissant.© G. Poncet.

Immédiatement à gauche, le caisson est orné d'une très élégante image de la barque solaire, nacelle légère aux extrémités en forme d'ombelles de papyrus. Au milieu, figure le dieu Rê-Horakhty*, à tête de faucon, suivi par cinq génies à tête humaine. Devant lui, peint dans de gracieuses nuances de bleu, un héron, « oiseau-*bénou* de Rê » qui symbolise le soleil renaissant, se profile avec sa large couronne-*atef** surmontée d'un petit disque (fig. 67).

Le dernier caisson de cette série montre Sennédjem tendant les mains vers une double porte qui symbolise les portes du ciel et les portes de la terre, dont l'ouverture lui donnera accès à l'au-delà.

Une peinture très célèbre

En revenant sur ses pas, on peut admirer le tympan, à droite depuis la porte (fig. 68). Il est décoré d'une des peintures les plus célèbres de l'art égyptien qui, à elle seule, place les peintres égyptiens au rang des plus grands artistes. Le cintre est décoré de la barque solaire encadrée par deux singes qui célèbrent le soleil au lever et au couchant. Sous cette scène, disposée sur quatre registres, est figurée une succession d'images qui illustrent les formules d'un chapitre du *Livre des Morts** ayant trait au *Champ des Offrandes* et au *Champ des Roseaux*, iconographie que l'on retrouvera dans le deuxième caveau d'Amennakht (cf. *infra*, p. 127, fig. 113).

Dans un décor fluvial irrigué par des canaux, ce sont les trois derniers registres qui retiennent l'attention. On y voit Sennédjem, aidé de sa femme, aux travaux des champs : moisson des épis de blé qu'elle ramasse devant un acacia, labour et creusement d'un sillon dans lequel la femme sème des grains, puis scène d'arrachage du lin.

Fig. 68. Le *Champ des Roseaux* sur un tympan du caveau de Sennédjem. © G. Poncet.

Fig. 69. Détail des scènes de labour et de moisson, abondance d'arbres, de fruits et de fleurs. © G. Poncet.

Les derniers registres (fig. 69) sont subdivisés par des canaux qui délimitent des parcelles plantées dans un souci de composition très raffinée. D'un côté du canal est peinte une subtile alternance d'arbres : palmiers dattiers, palmiers aux noix-*doum* et sycomores. De l'autre côté du canal, des fleurs forment de jolis bosquets : on identifie des mandragores, des pavots et des bleuets.

La présentation de Sennédjem à Osiris et le rôle d'Anubis

Immédiatement à gauche de ce tympan, la longue paroi déploie trois scènes qui décrivent les séquences rituelles de l'entrée au royaume d'Osiris* (fig. 70).

Elle se lit de droite à gauche. Anubis, dieu à tête de canidé chargé d'introduire les morts dans l'au-delà, conduit Sennédjem vers le kiosque d'Osiris.

Fig. 70. Sennédjem conduit par Anubis auprès d'Osiris. © G. Poncet.

Entre ces deux motifs, Sennédjem, accroupi, présente à Osiris une accumulation d'offrandes composée de bouquets, fruits, viandes, pains, aiguières, boissons.

Un texte dit par Sennédjem a la forme d'une confession : « J'ai accompli la maât*, je n'ai pas diminué les offrandes dans les temples, je n'ai pas limité les offrandes aux dieux. » Au milieu de cette paroi, Osiris est en majesté, debout dans son kiosque.

Gainé de blanc, coiffé d'une lourde couronne-*atef**, le dieu des morts croise les bras et tient les attributs royaux, sceptre et fouet. Ses chairs sont vertes, sans doute parce que cette couleur connote la résurrection.

De part et d'autre du dieu, deux « nébrides », outres attachées à un poteau enfoncé dans un pot, devaient recevoir le sang et les humeurs du dieu. La dernière scène de cette paroi, à

Fig. 71. Tympan de gauche : les défunts adorant les dieux de l'au-delà. © G. Poncet.

gauche, montre Anubis occupé à ranimer le cœur du défunt, ici momifié. Cette scène est accompagnée de formules empruntées au Chapitre 1 du *Livre des Morts** qui permettent à Sennédjem d'accéder au tribunal d'Osiris.

À l'angle droit de cette scène se trouve le tympan (fig. 71) qui fait face à celui du *Champ des Roseaux*. Son cintre est décoré d'un motif parfaitement symétrique et très courant sur les monuments funéraires, caractérisé par les deux canidés couchés, tels des gardiens, au-dessus d'une tombe (fig. 72).

Le tableau principal montre Sennédjem et sa femme « adorant tous les dieux de la Douat* », assis dans une chapelle sur deux registres. Osiris est en tête des dieux du registre supérieur, tandis que Rê-Horakhty* est en tête du registre inférieur.

Fig. 72. Anubis représenté sous la forme de deux canidés gardant le tombeau. © G. Poncet.

La famille au complet auprès des défunts

À angle droit, la dernière paroi (fig. 73) interrompue en son milieu par la porte, présente en continu dans sa partie inférieure une réunion de famille (vingt-huit personnes) autour

Fig. 73. La famille élargie du couple des défunts. © G. Poncet.

de Sennédjem et de sa femme. Parents, frères, sœurs, fils et filles défilent devant le couple avec des offrandes dans les mains.

On remarquera que le peintre a mal calculé la représentation de la dernière fillette à gauche : son coude, ses fleurs et sa mèche débordent sur la paroi du *Champ des Roseaux* (fig. 74).

Au-dessus de ce registre, à droite de la porte, une scène célèbre montre la protection de la momie par la déesse Isis* assistée de sa sœur Nephthys*, figurées sous forme de rapaces de part et d'autre de l'édicule qui abrite le défunt. Et, à gauche de la porte, sur deux registres, Sennédjem et Iynéferti adorent, chacun, cinq gardiens des portes de la demeure d'Osiris.

Fig. 74. Détail des enfants et petits-enfants de Sennédjem et Iynéferti. © G. Poncet.

Le style et le décor de la tombe de Sennédjem ne sont pas sans similitudes avec ceux de tombes contemporaines que l'on visitera par la suite (Pached, Amennakht et Nebenmaât).

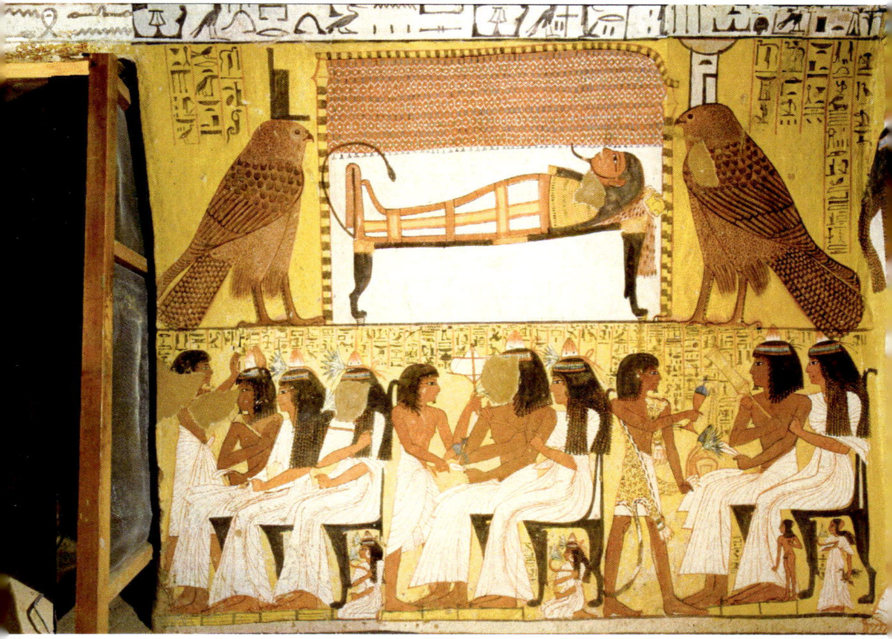

FOCUS

MAÂT

Tout visiteur d'un temple ou monument funéraire de la Vallée du Nil entend parler, à un moment ou à un autre, de la *maât*, notion fondamentale de la civilisation pharaonique, qui reflète bien la complexité et la subtilité de la conception du monde, depuis sa création, que pouvaient avoir les anciens Égyptiens.

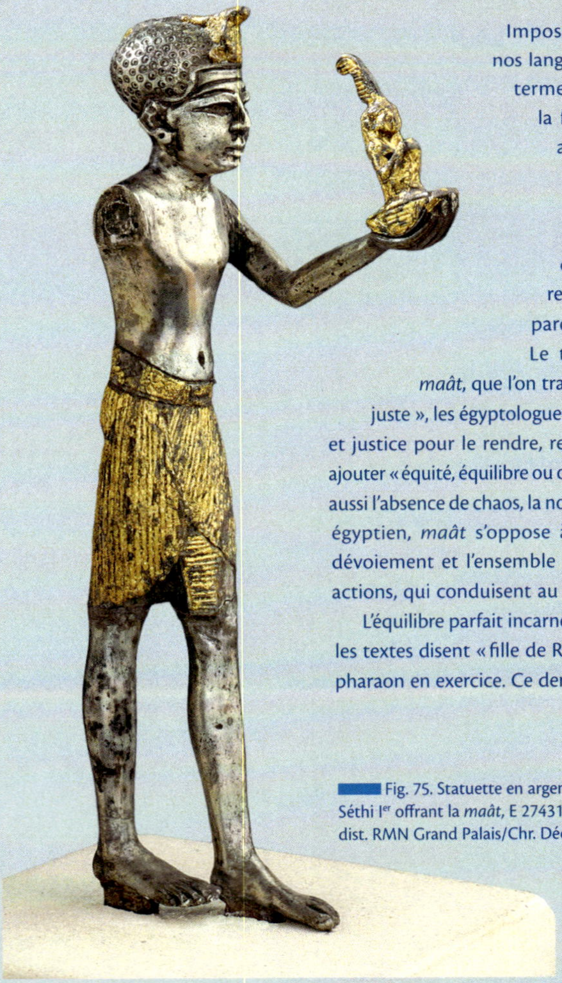

Impossible à traduire dans nos langues par un seul mot, le terme *maât* désigne tout à la fois l'énergie nécessaire au maintien du monde organisé et un ensemble compact et dynamique de règles de vie sociale, que l'individu doit respecter par la pensée, la parole et l'action.

Le terme étant dérivé de *maât*, que l'on traduit par « vrai, véritable, juste », les égyptologues utilisent les mots vérité et justice pour le rendre, regrettant de ne pouvoir ajouter « équité, équilibre ou ordre », car la *maât* définit aussi l'absence de chaos, la norme. Dans le vocabulaire égyptien, *maât* s'oppose à *isefet*, le désordre, le dévoiement et l'ensemble des pensées, paroles et actions, qui conduisent au chaos.

L'équilibre parfait incarné par la déesse Maât, que les textes disent « fille de Rê », est maintenu par le pharaon en exercice. Ce dernier, intermédiaire entre

Fig. 75. Statuette en argent et or représentant le pharaon Séthi Ier offrant la *maât*, E 27431. © musée du Louvre, dist. RMN Grand Palais/Chr. Décamps.

Fig. 76. Arinéfer agenouillé, suivi par ses parents, offre la *maât* au dieu Ptah (TT 290). © Archives Ifao.

le monde des dieux et celui des hommes, a pour rôle d'offrir Maât/la *maât* « dont vit le dieu » lors du culte divin journalier (fig. 75).

L'offrande de Maât est très souvent représentée sur les parois des temples, c'est l'acte régalien par excellence, qui résume la fonction fondamentale de la monarchie égyptienne.

L'iconographie de la déesse est celle d'une jeune femme gracieuse qui porte sur sa tête une plume d'autruche.

Sur la célèbre scène de la psychostasie (fig. 108, p. 122), elle est représentée par sa seule plume sur un des plateaux de la balance, tandis que le cœur du défunt, siège de sa conscience, est posé sur l'autre plateau.

Les membres de la communauté de Deir el-Médina portaient le titre de « *sedjem-ach em* Set-Maât » sur leurs monuments de pierre, expression énigmatique que l'on traduit par « Serviteur dans la Place de Vérité (Set Maât) », et qui rattache officiellement ces hommes au service de la *maât* (fig. 76).

Un décor peint signé par deux frères

L'escalier qui conduit à cette tombe se situe immédiatement à gauche de l'escalier menant à celle de Sennédjem. Visitée dès le début du XIXe siècle, la tombe d'Inkherkhâouy subit quelques actes de vandalisme et de prélèvements au bénéfice de musées occidentaux. On perdit ensuite sa trace jusqu'à sa réapparition sous la pioche du fouilleur B. Bruyère en 1930. Sa datation est remarquable, car tardive par rapport à l'ensemble des tombes de Deir el-Médina : son propriétaire a fait une belle carrière comme chef d'équipe sous Ramsès III et Ramsès IV, soit une centaine d'années après Sennédjem, mais divers indices attestent que la décoration de son tombeau date de Ramsès IV.

Fig. 77. Inherkhâouy peint par Hormin, le plus doué des deux peintres (TT 359).
© Archives Ifao/J.-Fr. Gout.

Récemment, on a identifié les « mains » des deux frères artistes qui ont peint le décor de ce caveau et laissé leurs noms au bas de leur travail.

Les styles de l'un et de l'autre sont très différents : autant celui de Hormin (fig. 77) se caractérise par une grande finesse et un soin extrême, autant de celui de son frère Nebnéfer est empâté et fruste (fig. 78).

La femme d'Inherkhâouy se nommait Ouâbet (« la pure »), elle était chanteuse d'Amon et chanteuse d'Hathor, ce qui rappelle le rôle important du clergé féminin dans le culte de ces divinités.

Fig. 78. Inherkhâouy peint par Nebnéfer, le moins doué des deux peintres.

Le premier caveau

On visite deux caveaux, tous deux voûtés. On s'attardera dès l'entrée sur le plafond du premier, orné de huit caissons, « qui le font ressembler à un chatoyant tapis d'Orient », tant ses motifs sont divers et richement polychromés (N. Cherpion) (fig. 79).

Fig. 79. Détail d'un caisson du plafond du premier caveau d'Inherkhâouy.

Une alternance de motifs végétaux ou géométriques, disposés de façon régulière, alignés dans des losanges ou des carrés, révèle une palette de peintre particulièrement riche.

Les parois sont hélas relativement dégradées. On s'arrêtera devant une niche qui abrite une représentation très élégante d'Anubis, sous forme de canidé couché, veillant au-dessus de l'édicule qui figure la tombe.

Fig. 80. À droite, la reine Ahmès Néfertary, souvent représentée avec les chairs noires.

La paroi droite de la niche montre, agenouillés en adoration, Inherkhâoûy et sa femme, caractérisés par des yeux immenses.

Malgré les lacunes, on remarque, au registre supérieur de la paroi face à la porte, le défunt assis dans une nacelle de papyrus, ses mains déployant une étoffe blanche autour de ses épaules.

On le retrouve à l'autre extrémité de cette paroi, au-dessus de l'accès au deuxième caveau, représenté avec infiniment de préciosité, debout, le crâne rasé, portant une robe blanche à manches, que recouvre une dépouille de panthère.

Le défunt, ainsi vêtu en prêtre pour les rituels funéraires, présente des offrandes à Osiris, composées de calices surmontés de canards au plumage bleu-gris.

L'œil du défunt est immense, son sourcil noir très long, et son oreille finement peinte. Ce caveau étant un exemple souvent cité dans l'étude du dessin et de la peinture en Égypte, on retiendra de ce visage que le contour de la tête est tracé après l'application des couleurs.

Face à cette paroi, une scène lacunaire mais connue par un dessin de Richard Lepsius représentait le couple des défunts faisant offrande à des personnages royaux ou princiers des dynasties précédentes. Ces augustes aïeux, disposés sur deux registres, sont identifiables aux cartouches* dans lesquels leurs noms sont inscrits. Le premier personnage du registre inférieur, à la peau noire, est la reine Ahmès Néfertary* (fig. 80), qui a régné au début du Nouvel Empire et qui, aux côtés de son fils Amenhotep I^{er*}, a été vénérée comme sainte patronne de la communauté des artisans.

Le deuxième caveau : un résumé du *Livre des Morts**

Une descenderie conduit au deuxième caveau, également voûté et beaucoup mieux préservé que le premier. Sa décoration se résume à un recueil imagé et savamment disposé de tableaux du *Livre des Morts,* choisis pour rendre victorieux le passage vers le royaume d'Osiris. Les deux parois sont divisées en trois registres.

Les trois registres de la paroi de droite et le tympan

On commence la visite par la paroi de droite, sur laquelle quatorze scènes sont figurées, certaines étant particulièrement rares et réussies. Au registre supérieur, Inherkhâouy est debout, les bras levés en adoration vers un oiseau à figure humaine et doté de bras : il s'agit de l'oiseau-*ba*, incarnation hybride d'une notion très importante dans les éléments composant la personnalité.

C'est le *ba*, souvent traduit par « âme » qui permet d'aller et venir entre le monde des morts et celui des vivants. La vignette centrale est occupée par la *Litanie des parties du corps* identifiées

Fig. 81. Illustration du chapitre 17 du *Livre des Morts* : le soleil flamboyant entre deux lions, symboles de Rê et Osiris. © Archives Ifao/J. Fr. Gout.

à des divinités représentées au bas des colonnes. Elle garantit la préservation physique du défunt dans l'au-delà. À l'extrémité du registre, une magnifique illustration du chapitre 17 du *Livre des Morts* retient l'attention.

On y voit le disque solaire, rougeoyant, entre les deux montagnes de l'horizon, celles de l'Orient et de l'Occident. Cette composition est encadrée par deux lions assis dos à dos, symboles majestueux de Rê et d'Osiris (fig. 81).

Le registre médian est une succession très élégante de vignettes du livre funéraire : on y remarque, de droite à gauche, l'adoration d'un serpent, les quatre chacals chargés de tirer la barque solaire, une scène d'ouverture de la bouche par Horus*, et enfin le défunt assis devant deux bras levés posés sur un support. Ces bras symbolisent le *ka*, force vitale de l'individu.

FOCUS

LE *BA* ET LE *KA*, PLUSIEURS MOTS POUR DÉSIGNER L'ÂME

Lorsque le christianisme devint la religion officielle des Égyptiens à la fin du IVe s. de notre ère, ceux-ci ne puisèrent pas dans le vocabulaire pharaonique pour désigner le concept chrétien de l'âme, mais préférèrent utiliser le terme grec *psyché*.

Fig. 82. L'oiseau-*ba* dans le caveau d'Inherkhaouy (TT 359). © Archives Ifao.

Il faut reconnaître que les différents vocables que l'égyptologue traduit sans conviction par « âme » révèlent une multiplicité de concepts, dont la caractérisation reste abstraite, bien qu'ils soient omniprésents dans les textes funéraires et sur les parois des caveaux de Deir el-Médina. Ainsi le *ba*, figuré sous forme d'un oiseau à tête humaine (fig. 82), est une émanation de l'être humain qui se sépare de son corps à sa mort et représente son individualité, tout en ayant le loisir de circuler du monde des morts au monde des vivants et de converser avec le défunt.

Fig. 83. Représentation du *ka* dans le caveau d'Inherkhaouy (TT 359). © Archives Ifao.

Fig. 84. L'ombre du défunt Nebenmaât sortant de sa tombe (TT 219). © Archives Ifao.

Le *ka* est un autre concept que l'on croise dans toute la littérature funéraire. Les offrandes que l'on apporte aux défunts ou que l'on grave sur les stèles de leurs tombes sont dédiées « au *ka* » du mort, qui, grâce à lui, stockera les forces et les énergies vitales, nécessaires à sa survie.

Le *ka* s'écrit avec un signe qui montre deux bras levés à angle droit (fig. 83).

Les dieux étaient également dotés d'un ou plusieurs *ba* et *ka*, manifestations de leur puissance et de leur énergie.

Au moment où le *ba* et le *ka* du défunt sont réunis, ce dernier devient un *akh*, terme qui désigne l'immortel glorifié et brillant que l'on retrouve particulièrement à Deir el-Médina, sur les stèles du culte du « *akh-iqer* », ancêtre bienveillant et protecteur de sa descendance.

C'est encore à Deir el-Médina et dans le *Livre des Morts* que l'on rencontre d'autres éléments constitutifs des forces spirituelles de la personnalité humaine, tels son ombre, petit personnage nu et noir debout dans sa tombe (fig. 84), et son nom, dont la seule invocation par quiconque passant devant sa tombe devait le faire vivre et revivre.

Le registre inférieur développe sur sa longueur une scène unique, figurant les rites funéraires pratiqués par des prêtres, des porteurs et porteuses d'offrandes au bénéfice d'Inherkhâouy et de sa femme (fig. 85).

Fig. 85. Le couple de défunts en compagnie de ses petits-enfants reçoit des offrandes que leur apportent les membres adultes de la famille. © Archives Ifao /J.-Fr. Gout.

La partie la plus célèbre de cette scène se trouve à l'extrémité gauche de cette paroi : elle montre le couple de défunts assis, entouré de quatre de leurs petits-enfants (trois filles et un garçon), représentés nus et coiffés de mèches séparés sur leurs crânes rasés.

Fig. 86. Tympan du fond du caveau d'Inherkhâouy : Offrandes à Osiris et à Ptah. © Archives Ifao/J.-Fr. Gout.

La scène est vivante, animée, marquée par une intimité touchante.

Le tympan du fond du caveau est décoré de deux scènes symétriques, caractérisées par la taille grandeur nature des personnages, qu'ils soient divins ou humains (fig. 86). Du côté droit, Inherkhâouy, suivi de son fils Qenna, présente un encensoir à Osiris. Du côté gauche, Inherkhâouy accomplit le même geste face au dieu Ptah*, dont la partie supérieure est manquante.

Le défunt est suivi par son fils Hormin, celui des peintres qui exécuta les scènes les plus raffinées du caveau.

Sur ce tympan, Osiris* et Ptah ont les chairs vertes, couleur de la végétation qui, par nature, renaît spontanément.

Deux scènes célèbres : Le chant du harpiste et le chat d'Héliopolis combattant le serpent Apopis*

La visite se termine par la paroi gauche du caveau, que l'on peut découvrir de droite à gauche, car elle décrit la fin du voyage dans l'au-delà. Elle est composée de dix-sept tableaux.
On remarque, en bas à droite, le célèbre tableau figurant « le chant du harpiste », dont se délectent Inherkhâouy et sa femme, assis côte à côte (fig. 87) : face à eux, le harpiste, accroupi, le crâne rasé, doté d'un embonpoint très caractérisé, psalmodie son chant en jouant.

Fig. 87. Souriant, le couple de défunts se réjouit d'entendre « le chant du harpiste ».

Fig. 88. Combat entre le chat d'Héliopolis, figure de Rê, et le serpent Apopis.
© Archives Ifao/J.-Fr. Gout.

Les paroles de son chant sont inscrites derrière lui ; elles sont d'un grand lyrisme et appellent à « passer un jour heureux » sans contrainte, et à jouir du temps sur terre. La suite de ce registre est décorée de deux scènes d'offrandes aux défunts, de la part de membres masculins de leur famille.

Au registre médian, à droite, se déroule le combat entre le grand chat d'Héliopolis, figure féline du dieu Rê, et le serpent Apopis*, qui répète inlassablement son intention d'abattre Rê dans son parcours céleste (fig. 88). Un arbre chargé de fruits constitue le paysage de cette scène, dont Rê sortira vainqueur. Un peu plus loin, au milieu de la paroi, se trouve la scène où le défunt adore l'oiseau-*bénou*, héron cendré, formulant ainsi le vœu de se transformer en héron, oiseau relié à Osiris et Rê dans la mythologie égyptienne.

Au milieu du registre supérieur, sont inscrites sur quarante colonnes les déclarations à quarante assesseurs du tribunal d'Osiris, dont le rôle était de participer au jugement des morts.

Le dernier tableau, en haut à droite, est aussi le dernier de cette séquence (fig. 89) : le défunt, tourné vers la porte du caveau, sort de sa tombe, qu'irradie un disque solaire rougeoyant, doté de cinq rayons. Au-dessus du défunt on lit : « Formule à dire pour sortir au jour et ne pas mourir de nouveau. » C'est au succès de ce vœu qu'est destinée la très séduisante décoration des deux caveaux d'Inherkhâouy.

Fig. 89. Illustration de la « formule à dire pour sortir au jour et ne pas mourir encore ».

TOMBE DE PACHED (TT 3)

L'exemple parfait d'un caveau à Deir el-Médina

Il faut un peu grimper sur le flanc de la colline vers le nord et dépasser l'escalier qui mène à la maison de fouilles de l'Ifao, pour découvrir la tombe de Pached, exemple parfait d'une tombe-type de Deir el-Médina par son architecture, son décor et son style. Si l'on y ajoute l'exceptionnel état de conservation des peintures de ce caveau, on comprendra que les quelques mètres à faire pour y accéder justifient largement cette petite excursion, qui par ailleurs permet d'avoir à cette altitude une vue d'ensemble sur le site.

Pached a vécu pendant la première moitié du long règne de Ramsès II. Il portait le titre de « *sedjem-âch* dans la Place de Vérité à l'ouest de Thèbes », titre qui indique qu'il appartenait à la communauté d'artisans au service de la Tombe royale et qu'il habitait l'agglomération de Deir el-Médina. Mais, comme pour Sennédjem, ce titre ne précise pas sa fonction exacte au sein de l'équipe.

Son caveau fait connaître vingt-deux personnes de sa famille, au premier rang desquels sa femme Nedjembehedet, fille d'un « serviteur d'Amon », indication qui renvoie au clergé du dieu Amon, vénéré à Karnak sur l'autre rive du Nil.

Par ailleurs, Pached porte aussi sur son sarcophage les titres de « serviteur de l'atelier d'Amon » et de « carrier d'Amon dans la Ville du Sud » (Thèbes).

On peut alors supposer que Pached joua un rôle dans les travaux concernant les sanctuaires d'Amon sur les deux rives.

La tombe fut copiée par un voyageur anglais en 1834, puis oubliée et revisitée en 1920 par Howard Carter, le découvreur de la tombe de Toutânkhamon, sans qu'il y travaillât particulièrement.

Lorsque B. Bruyère la dégagea en 1924-1925 : elle était vide et nécessitait des opérations de restauration urgentes. La cour, la chapelle (sans décor) et le puits qui donne accès aux chambres souterraines sont encore visibles aujourd'hui. C'est par ce puits, d'environ 5 m de profondeur, que l'on pénètre dans les appartements funéraires.

La visite du caveau de Pached

Un escalier de dix marches, en pierre, conduit à un couloir voûté, puis à l'antichambre, vaste salle irrégulière, au bout de laquelle on pénètre, par un tunnel, dans le caveau creusé dans le rocher. Ses parois ont été recouvertes d'un mortier crépi à la chaux afin de permettre aux peintres d'appliquer le magnifique décor polychrome que l'on découvre.

Fig. 90. Caveau de Pached : tympan du fond et départ de voûte (TT 3). © Archives Ifao.

Le corridor, que l'on emprunte en se courbant, tant sa voûte est peu élevée, est décoré de part et d'autre de deux représentations du dieu Anubis, gardien du tombeau sur lequel il repose. Le caveau voûté, de petite taille, décline sur ses parois des colonnes de textes, plus encore que des images (fig. 90). Il s'agit, comme toujours, de chapitres du *Livre des Morts**.

À gauche, le couple de défunts et deux de leurs enfants, reconnaissables à leur petite taille, leur coiffure et leur nudité, sont en prière (fig. 91) devant un faucon (fig. 92), situé à droite sur la paroi.

Fig. 91. Pached et sa famille priant pour « se transformer en faucon divin ». © Archives Ifao.

Fig. 92. Le faucon divin sur son piédestal. © Archives Ifao.

Fig. 93. Le dieu des artisans Ptah, dont les chairs vertes évoquent la végétation renaissante. © Archives Ifao.

Le texte qui les sépare est une prière pour « faire les transformations en faucon divin ». L'égyptologue Paul Barguet précise que cette version en est une très mauvaise copie, faisant douter que le scribe savait ce qu'il avait à écrire. En face, la longue paroi est décorée de Pached avec sa fille Noubnefret en adoration devant quatre dieux, suivis d'un pilier-*djed**animé.

Fig. 94. La navigation du défunt vers la ville sainte d'Abydos. © Archives Ifao.

On reconnaît, de droite à gauche, trois formes du soleil : Rê-Horakhty*, Atoum*, Khépri* (tête de scarabée), puis Ptah*, patron des artisans (fig. 93).

Le pilier-*djed* animé est fréquent sur les parois des tombes de la Vallée des Rois, il symbolise l'éternité.

Les parties supérieures des longues parois sont décorées de divinités majeures du panthéon égyptien, solaires et funéraires, tandis que le sommet de la voûte est couvert de textes rituels. On remarquera les deux petites scènes de navigation sur les deux parois, en allant vers le tympan (fig. 94).

Elles évoquent le voyage des défunts vers la ville sainte d'Abydos, où était célébré le culte d'Osiris.

Un décor répondant à un besoin vital : ne pas manquer d'eau dans l'au-delà

Le tympan (*supra*, fig. 90), qui intrigue le visiteur dès son entrée, n'est décoré que dans sa partie supérieure. La partie inférieure était occupée par le sarcophage. La scène illustre « l'allumage de la torche pour Osiris qui préside à l'Occident ».

Fig. 95. En petite taille sur le tympan, Pached agenouillé en adoration. © G. Andreu-Lanoë.

Le dieu Osiris, assis devant un génie qui lui présente une torche, semble émerger de la montagne thébaine, siège de la nécropole. La montagne, de couleur rose foncé, est représentée de profil, sous sa forme habituelle de lignes ondulantes et de rangées sinueuses de points rouges et noirs.

Derrière le dieu et sous un œil-*oudjat** qui présente une torche, Pached, les bras levés en adoration, est figuré de petite taille (fig. 95).

Avant de passer la porte pour repartir, on s'arrêtera devant les scènes, très intéressantes, de part et d'autre de l'embrasure (fig. 96).

Fig. 96. Entrée du caveau et décor du tympan. © Archives Ifao.

Fig. 97. Pached prosterné en train de boire l’eau du canal à l’ombre d’un palmier. © Archives Ifao.

À gauche (en sortant), dans une scène célèbre et très joliment composée, Pached est agenouillé, en train de boire l’eau d’un canal qui coule au pied d’un palmier-*doum** chargé de fruits (fig. 97).

Fig. 98. Détail de la procession de la famille, dont les aînés se reconnaissent à leurs cheveux blancs. © Archives Ifao.

On sait combien les Égyptiens redoutaient la soif et la faim dans l'au-delà.

C'est ce qu'exprime cette belle image et les formules magiques qui l'entourent.

De l'autre côté de la porte, une longue procession familiale est répartie sur trois registres.

Toutes les générations sont représentées, en particulier celle des plus âgés, que l'on distingue par leur chevelure poivre-et-sel ou même blanche (fig. 98).

On retrouve la scène de la déesse-arbre qui rafraîchit le défunt (fig. 99), déjà vue chez Sennédjem, ici représentée à l'arrière du registre supérieur de ce défilé.

Fig. 99. La déesse-arbre Nout offrant des victuailles au père de Pached.

TOMBE DE NAKHTAMON (TT 335)

Trois salles aux fonctions bien précises

Avant de redescendre vers les ruines du village, la visite de la tombe de Nakhtamon, située au même niveau que celle de Pached et à gauche de l'escalier qui conduit à la maison de fouilles de l'Ifao, est très révélatrice des spécificités de cette nécropole. Comme celles de Sennédjem et de Pached, elle date de la première moitié du règne de Ramsès II.

Elle appartient à Nakhtamon, dont on connaît mieux la biographie. Il fut « sculpteur-graveur, serviteur du seigneur du Double Pays dans la Place de Vérité et prêtre-*ouâb** (pur) du seigneur du Double Pays », cette expression désignant le souverain Amenhotep Ier divinisé et devenu saint local. Personnages importants de la communauté d'artisans sous Ramsès II, Nakhtamon et sa famille obtinrent un bel emplacement pour leurs tombes, proches les unes des autres.

En surface, la tombe de Nakhtamon était précédée d'une cour desservant une chapelle, et creusée d'un puits qui donnait accès à trois salles souterraines.

Ces trois salles ont chacune une fonction précise, soulignée par leur programme iconographique et textuel.

Le décor dit « monochrome »

Une fois descendu l'escalier de bois, on est immédiatement surpris par les particularités des décors et du plafond de ces salles. La nécropole de Deir el-Médina est la seule de cette vaste zone archéologique à abriter vingt-deux tombes à décor dit « monochrome* » sur les cinquante-quatre tombes peintes répertoriées. Celle de Nakhtamon en est un exemple parfait.

Contrairement aux tombes que l'on vient de voir et dont le décor était polychromé sur un fond jaune, celle-ci montre un décor peint sur un fond blanc, n'utilisant que les couleurs noire, jaune, et ocre. La plupart des textes sont en noir sur fond blanc, le contour des personnages est en noir et rouge, tandis que les chairs et les vêtements sont jaunes.

Fig. 100. Détail du plafond brut de taille des premières salles de la tombe de Nakhtamon. © Archives Ifao/J.-Fr. Gout.

On a souvent mis en avant le style presque brouillon de ces tombes qu'il fallait achever au plus vite (comme si le peintre n'avait pas assez de temps pour soigner son travail), tout comme celui des scribes qui ont laissé des textes écrits à la hâte.

On a aussi rappelé qu'il était facile de se procurer les pigments nécessaires pour obtenir le noir, le blanc, le jaune et le rouge, à la différence des autres pigments, sans doute réservés aux travaux dans la Vallée des Rois et des Reines. Une étude paléographique récente observe des similitudes entre la tombe de Néfertari dans la Vallée des Reines et la tombe de Nakhtamon, qui y a sans doute travaillé.

Lorsqu'on pénètre dans les deux premières salles, le spectacle des plafonds est étonnant (fig. 100).

Ils présentent un aspect irrégulier, brut de taille. Le décor est posé sur les fractures du creusement, permettant d'imaginer que cet aspect était volontairement laissé en l'état.

Les deux premières salles

La première salle est consacrée à la sphère familiale et privée de Nakhtamon et de son épouse Nébouemchaset. Enfants, frères et sœurs leur apportent des offrandes afin de pourvoir à leurs besoins dans l'au-delà (fig. 101).

Fig. 101. Le couple de défunts recevant des offrandes apportées par deux de leurs fils. © Archives Ifao/J.-Fr. Gout.

On remarque, à gauche sur la paroi, face à l'entrée, les cercueils des deux défunts, momiformes, debout devant leur tombe, qui présente une iconographie traditionnelle : chapelle avec sa porte, surmontée d'une pyramide dans laquelle était encastrée une petite stèle cintrée dédiée au culte du soleil (fig. 102).

À l'arrière, on voit les contreforts de la montagne thébaine, siège de la nécropole. Elle est représentée de profil, sous sa forme habituelle de lignes ondulantes et de rangées sinueuses de points rouges et noirs.

Un couloir voûté donne accès, à droite, à une salle plus petite, sur les parois de laquelle on voit (à droite en entrant, registre médian) des membres de la famille ou du voisinage de Nakhtamon se pressant en cortège funéraire pour l'enterrement du couple.

Le transport du traîneau de la dépouille est l'occasion d'une scène animée qui montre des personnages en pleurs et des femmes se frappant le front en signe de deuil (fig. 103). Seul le son des lamentations manque pour faire revivre ces funérailles.

L'essentiel des parois de cette salle, en partie haute, est occupé par un décor homogène qui met en scène les défunts face à des dieux, dont la présence est très rare, voire unique, dans les tombes de Deir el-Médina. Là encore, une influence du décor de la tombe de la reine Néfertari a été relevée.

On remarque, sur la paroi de gauche en entrant, le couple des défunts présentant la maât* à Thot à tête d'ibis, sous les auspices de Séchat. Thot, patron des scribes et des magiciens, est le dieu de la sagesse, l'inventeur de l'écriture, des chiffres et du calendrier, et Séchat est nommée la déesse « des écrits et la dame de la bibliothèque ».

Fig. 102. Au pied de la montagne, la chapelle et les cercueils (debout) des défunts. © Archives Ifao.

Fig. 103. Détail des funérailles et des scènes de deuil. © Archives Ifao.

À côté d'elle, sur le mur faisant face à l'entrée, on retrouve la déesse-arbre émergeant du tronc du sycomore chargé de fruits et penchée vers le couple de défunts pour l'abreuver (geste en lacune). L'eau qu'elle verse tombe dans un bassin au pied du couple. À l'arrière de cette scène, les déesses Isis* et Nephthys* protègent de leurs bras un dieu à tête de bélier, combinaison de Rê et d'Osiris, et fusion du monde céleste avec celui des morts (fig. 104).

Fig. 104. Les déesses Isis et Nephtys protègent le dieu à tête de bélier, symbole du monde céleste et du monde des morts. © Archives Ifao/J.Fr. Gout.

La dernière salle : un décor plus soigné

La dernière salle est le caveau à proprement parler. On y descend par quelques marches depuis la première salle. Il a manifestement fait l'objet de plus de soin que les deux premières salles, et son plafond voûté est décoré. Le corridor que l'on emprunte matérialise le passage vers l'au-delà (fig. 105). Sa voûte est ornée de l'image de la déesse du ciel Nout « la grande, qui met au monde les dieux ».

Elle protège de sa main la pyramide de la tombe dans la nécropole.

Les deux tympans du caveau sont ornés de scènes traditionnelles. À gauche est représenté le rite de l'ouverture de la bouche* par Anubis, penché sur la momie couchée, que veillent Isis* et Nephthys*, de part et d'autre du lit funéraire. À droite est figurée la scène, partiellement détruite, de la pesée du cœur (psychostasie*) dont le résultat ouvre l'accès au royaume d'Osiris.

Le couple de défunts s'avance face à Thot sous sa forme de babouin, « dieu grand qui établit Maât* en tant que scribe de la nécropole » (fig. 106). Le verdict de la balance est favorable : « Les salutations des dieux seront pour toi », proclament les deux babouins noirs peints sur le siège de Thot.

La voûte du caveau est répartie en huit caissons, chacun montrant une divinité dont la légende confirme que le décor de ce caveau évoque la nuit et le jour, le soleil et l'obscurité,

Fig. 105. Corridor vers la dernière salle du tombeau de Nakhtamon. © Y. Gourdon.

Fig. 106. Détail du dieu Thot « scribe de la nécropole » sous sa forme de babouin. © Archives Ifao/J.-Fr. Gout.

éléments binaires de l'au-delà. On y retrouve Anubis et Thot à tête d'ibis, ainsi que le chat d'Héliopolis, figure de Rê combattant son ennemi, le serpent Apopis*.

Sous les caissons, les parois décorées de tableaux verticaux séparés par une colonne de texte montrent Nakhtamon, son épouse ou ses parents en train d'honorer des divinités bien connues dans le panthéon particulier de Deir el-Médina, comme en témoigne la grande paroi située face à la porte.

De droite à gauche, on voit le couple de défunts les bras levés en adoration devant Rê-Horakhty*, « seigneur de la Douat* » (désignation de l'au-delà).

Dans le tableau suivant on voit deux déesses debout, l'une sous la forme d'une hippopotame gravide nommée « la maîtresse de la chapelle à l'Occident », l'autre étant Anouqet*, « dame de Séhel », puis, dans le tableau voisin, le roi Amenhotep Ier divinisé.

Fig. 107. Dieux du panthéon de Deir el-Médina : Amenhotep Ier suivi de Ouadjyt et Satet. © Archives Ifao/J.-Fr. Gout.

On remarquera que le dessinateur de la déesse hippopotame a profité de la surface saillante et arrondie de la paroi pour figurer, quasiment en trois dimensions, le ventre de la déesse enceinte. Derrière cette scène se reconnaissent les déesses Ouadjyt* et Satet*, cette dernière formant avec Anouqet* et Khnoum* la triade* divine de la première cataracte du Nil (fig. 107). La présence de ces dieux dans ce caveau manifeste le désir de Nakhtamon de retrouver dans l'au-delà ses dieux d'ici-bas, ainsi que ses parents et les nombreux membres de sa famille.

La psychostasie

Ce terme grec peut se traduire par « pesée du cœur » ou « pesée de l'âme ». Plusieurs fois représentée sur les murs des tombes de Deir el-Médina, cette scène est l'illustration la plus courante du chapitre 125 du *Livre des Morts* (voir encadré p. 78-79). Elle décrit une épreuve cruciale de la comparution du défunt devant le tribunal d'Osiris, dieu de l'au-delà (fig. 108). Elle a été reproduite pendant plus d'un millénaire et demi, entre 1500 av. J.-C. et l'époque romaine.

On la retrouve ainsi sur une des parois du temple d'époque gréco-romaine de Deir el-Médina (fig. 139, p. 158). Sur un des plateaux de la balance, Anubis dépose le cœur du défunt, siège de la mémoire des actes du défunt ici-bas et de sa conscience, tandis que sur l'autre plateau, Horus place un symbole de Maât (voir focus p. 92-93), qui incarne les notions de justice et d'ordre. Anubis manipule le peson et Thot, dieu de l'écriture, enregistre le résultat parfaitement équilibré de la pesée, prouvant que le cœur du défunt a toutes les qualités requises pour entrer au royaume d'Osiris.

À côté de lui se trouve la Dévoreuse, déesse hippopotame qui aurait avalé son cœur s'il avait été reconnu fautif par la pesée.

Fig. 108. Scène de la psychostasie sur le *Livre des Morts* de Nesmin, XXXe dynastie, N 3096. © 2017 musée du Louvre, dist. RMN Grand Palais/H. Lewandowsk.

TOMBE FAMILIALE D'AMENNAKHT, NEBENMAÂT ET KHÂEMTERI (TT 218-219-220)

Une bonne illustration de la singularité de cette nécropole

À la sortie de la tombe de Nakhtamon, on s'arrêtera sur le chemin qui conduit au parking, à la tombe familiale d'Amennakht, Nebenmaât et Khâemteri, que l'on peut considérer comme un résumé complet de ce que l'on a observé, admiré et appris des tombes déjà visitées. Une cour desservait les trois chapelles de ces caveaux, encore visibles, mais fermées à la visite. De cette cour, un escalier mène à un corridor bas et voûté qui donne accès aux caveaux. Cette tombe – qui appartient à un père et deux de ses fils – fait une nouvelle fois connaître des personnages importants de la communauté d'artisans ayant vécu et travaillé sous Ramsès II.

Le premier caveau d'Amennakht

Dans le premier caveau d'Amemnakht, de part et d'autre de l'embrasure de la porte, on retrouve la scène du défunt agenouillé en train de boire l'eau d'un canal qui coule au pied d'un palmier chargé de fruits.

Fig. 109. Entrée, tympan et voûte du premier caveau d'Amennakht. © G. Andreu-Lanoë.

À gauche, Amennakht est figuré sous un palmier-*doum* ; à droite, sa femme Iyemouay se tient sous un palmier-dattier. Le cintre de cette paroi est occupé par la déesse vache Mehet-Ouret, déesse solaire et céleste, couchée sur un bassin avec un faucon (fig. 109).

Les parois de ce caveau sont essentiellement ornées d'hymnes au soleil, écrits en colonnes devant Amennakht (à gauche) et son père Nebenmaât (à droite), accompagnés par leur famille. Les deux hommes portent des perruques blanches, signes de leur qualité d'aînés (fig. 110). La voûte du caveau est disposée en caissons dont le dernier (à droite vers le fond) montre un thème unique dans cette nécropole.

On y voit l'oiseau-*ba* du défunt, à tête humaine – élément de l'individu qui permet de se déplacer entre l'au-delà et ici-bas –, flanqué de deux phénix dans la « barque du ciel qui est parmi les étoiles », afin d'accomplir le parcours céleste du soleil (fig. 111).

Avant de quitter ce premier caveau, on s'arrête devant la scène qui orne le tympan du fond, face à l'entrée (fig. 112).

On y retrouve la scène de « l'allumage de la torche pour Osiris qui préside à l'Occident », déjà vue dans le caveau de Pached (p. 105).

Fig. 110. Trois générations de la famille d'Amennakht adorant le soleil.
© Archives Ifao/J.-Fr. Gout.

Fig. 111. L'oiseau-*ba* du défunt entre deux phénix dans « la barque du ciel ». © Archives Ifao.

Osiris est assis devant un génie qui lui présente une torche, et semble émerger de la montagne thébaine, siège de la nécropole. De couleur rose foncé, elle est représentée de profil, sous sa forme habituelle de lignes ondulantes et de rangées sinueuses de points rouges et noirs.

La déesse du ciel Nout est suggérée par les seins qui émergent du haut de la montagne et par ses deux bras qui accueillent le soleil couchant.

On y voit encore un œil-*oudjat** qui présente une torche, et un faucon. En bas, à droite, Amennakht, Nebenmaât et Khâemtéri lèvent les bras en signe d'adoration vers le soleil.

Un passage voûté permet de passer sous cette paroi et de prendre un escalier qui conduit à une salle sans décor, aux murs seulement blanchis.

De cette pièce, on accède à trois chambres funéraires, chacune étant destinée aux funérailles des hommes de la famille : Amennakht à gauche, Nebenmaât au milieu, et Khâemteri à droite.

Fig. 112. Tympan face à l'entrée : Osiris préside à « l'allumage de la torche ».
© Archives Ifao/J.-Fr. Gout.

Le deuxième caveau d'Amennakht

Le deuxième caveau d'Amennakht montre une polychromie beaucoup plus vive et franche que le premier, et un meilleur état de conservation. Les deux tympans sont ornés de scènes relevant du répertoire iconographique et religieux traditionnel pour cette nécropole, et déjà observées dans certaines tombes.

Ainsi, à droite, on retrouve la succession de vignettes qui illustrent les formules d'un chapitre du *Livre des Morts** ayant trait au *Champ des Offrandes* et au *Champ des Roseaux* (fig. 113), déjà vu dans la tombe de Sennédjem. Dans un paysage champêtre irrigué par des canaux, Amennakht et sa femme apparaissent occupés aux travaux des champs : scène de moisson des épis de blé, scène de labour et de creusement d'un sillon dans lequel la femme sème des grains, et, au registre inférieur, des palmiers-dattiers, palmiers aux noix-*doum* alternant avec des fleurs.

La scène est toutefois moins complète que chez Sennédjem. En face, toute la surface du tympan est occupée par la scène de la préparation de la momie par Anubis (fig. 114).
Sous un dais, qu'encadrent les déesses Isis* et Nephthys* sous forme de faucons, le dieu Anubis est penché sur la momie d'Amennakht.

Fig. 113. Tympan orné du *Champ des Roseaux*, deuxième caveau d'Amemnakht. © Archives Ifao/J.-Fr. Gout.

Il lui apporte les soins nécessaires à la réussite de son passage vers le royaume d'Osiris*.

Fig. 114. Préparation de la momie par Anubis. © Archives Ifao/J.-Fr. Gout.

Fig. 115. Texte et illustration de la formule « pour se transformer en faucon divin ».

Les colonnes de textes inscrits sur la paroi sont des « formules pour descendre vers le tribunal d'Osiris* le jour de l'enterrement de l'Osiris Amennakht ».

De part et d'autre de la porte, la longue paroi est dédiée aux formules pour réaliser les « transformations en faucon divin ». Amennakht, sa femme et sa fille sont en prière devant un faucon debout sur une chapelle (fig. 115) et souhaitent prendre sa forme pour bénéficier de sa puissance et de son invincibilité.

Fig. 116. Amennakht en adoration devant cinq divinités dans un ciel étoilé que parcourt la nouvelle lune. © Archives Ifao.

De nombreuses formules funéraires, couvrant la voûte et descendant sur les parois, ainsi que des divinités de l'au-delà, ont vocation à faciliter le passage tellement redouté.

On remarque sur un caisson Amennakht agenouillé en prière face à cinq divinités, dans un cadre au fond bleu-nuit, sur lequel se distinguent la lune et six étoiles.

La légende précise qu'il s'agit du culte à la pleine lune (fig. 116).

Le caveau de Nebenmaât

Une fois sorti du deuxième caveau d'Ammennakht et revenu dans la salle aux murs blancs, le visiteur pourra accéder sur sa gauche au caveau, également voûté, de Nebenmaât et de sa femme Méresger. On note que ce Nebemmaât porte le nom de son grand-père, représenté dans le caveau de son père Amennakht. Sans doute postérieure à celle de son père, la décoration de ce caveau en est très différente. Le fond est uniformément blanc et laisse voir un répertoire et une iconographie réalisées en peinture « monochrome » caractérisant l'usage du jaune pour les personnages et les objets, tandis que le noir et le rouge sont réservés aux tracés des contours. La cohabitation des deux modes de peinture, polychrome et monochrome, dans ces quatre caveaux familiaux, mitoyens et destinés à des personnages du même rang, laisse perplexe pour interpréter les raisons du choix de l'un plutôt que de l'autre. Dans le caveau de Nebenmaât et de son épouse Méresger, on remarque régulièrement que les textes ont été écrits sans beaucoup de soin après l'exécution des dessins, car les hiéroglyphes débordent sur les images.

Fig. 117. Détail d'un tympan : en haut, quatre dieux funéraires ; en bas, jeu de *zénet* et déesse-arbre. © Archives Ifao/J.-Fr. Gout.

Des tympans dominés par les représentations des dieux Osiris et Anubis

Les cintres des tympans sont tous deux ornés d'une représentation des compagnes d'Osiris*, Isis* et Nephthys*, qui veillent le défunt en le protégeant de leurs ailes déployées. À gauche, le tableau montre Nebenmaât (tête manquante, vêtu d'une peau de panthère), suivi d'une joueuse de double flûte, « chanteuse d'Hathor », présentant des offrandes posées sur un guéridon à quatre divinités semblant émerger de la montagne thébaine, siège de la nécropole (fig. 117).

Sur le fond blanc, la montagne est là encore caractérisée par ses lignes noires ondulantes et ses rangées sinueuses de points jaunes et noirs. Les quatre divinités sont Osiris, le roi Amenhotep Ier*, une déesse dont le nom est perdu et la reine Âhmès Néfertari*, mère d'Amenhotep Ier, reconnaissable à ses chairs noires.

Sous ce tableau, le peintre a ajouté deux autres motifs un peu serrés l'un contre l'autre, comme s'il manquait de place pour représenter tout le répertoire religieux nécessaire à la survie du défunt.

Fig. 118. Anubis pratiquant le rituel de l'Ouverture de la bouche sur la momie du défunt. © Archives Ifao/J.-Fr. Gout.

On voit le défunt, assis, encouragé par sa fille qui le tient par les épaules, en train de jouer une partie de *zénet** (sorte de tric-trac) dont l'issue favorable l'aidera à gagner l'au-delà. Derrière cette scène on retrouve la représentation de la déesse-arbre qui abreuve les défunts, scène présente chez Sennédjem, Pached et Nakhtamon.

Sur le tympan de droite, sous la déesse Nephthys*, on retrouve une scène courante dans les caveaux de Deir el-Médina.

Il s'agit du rituel de l'Ouverture de la bouche* pratiqué par Anubis sur la momie, couchée sur un lit sous lequel sont déposées des offrandes (fig. 118). Tenant son herminette dans la main droite, Anubis se penche vers la tête du défunt et s'apprête à pratiquer le geste qui lui permettra de respirer dans l'au-delà.

Fig. 119. Détail d'un caisson : l'ombre noire du défunt, élément constitutif de sa personnalité, sort de la tombe. © Archives Ifao/J.-Fr. Gout.

Sur un caisson : l'ombre noire du défunt

Entre la voûte et les longs côtés, des caissons figurent des divinités funéraires. Face à la porte, on remarquera sur le quatrième caisson en partant de la droite une image rare qui illustre un chapitre du *Livre des Morts**. On y voit un personnage nu, mince, de couleur noire, sortant de la tombe (fig. 119).

Il s'agit de l'ombre du défunt quittant son tombeau. Derrière lui, un disque solaire noir symbolise l'œil d'Horus*. Sous les caissons, à droite d'une porte condamnée, le registre supérieur de la paroi montre des scènes d'offrandes aux dieux qui aboutissent à la présentation du défunt par Anubis auprès d'Osiris* et de la déesse de l'Occident, incarnation de la nécropole.

La scène des funérailles

Au registre inférieur, une scène d'enterrement décrit les divers moments des funérailles. De gauche à droite, on voit le hâlage du sarcophage par des hommes qui tirent sur les cordes en se faisant aider par des bœufs, tandis que des pleureuses se frappent le front (fig. 120), certaines accroupies, d'autres debout, en signe de deuil.

Fig. 120. Scène des funérailles : halage du sarcophage. © Archives Ifao/J.-Fr. Gout.

Fig. 121. Le chat assis sous la chaise de la défunte. © Archives Ifao/J.-Fr. Gout.

Plus loin, le fils Oupmès, vêtu d'une peau de panthère, rend un culte aux deux momies de ses parents, dressées devant la pyramide de la tombe.

Cette scène, classique dans l'iconographie funéraire de Deir el-Médina, se déroule aux pieds de la montagne thébaine.

Du haut des pentes de la nécropole émergent la poitrine et les bras de la déesse du ciel Nout, tenant le soleil dont les rayons rougeoyants irradient la chapelle de la tombe.

En face, à gauche de la porte, une première scène montre, face aux défunts, deux enfants du couple tournés vers eux pour faire le rituel de la purification.

On remarquera le chat de compagnie assis sous la chaise de la femme (fig. 121).

Derrière les deux officiants, vingt membres de la famille participent aux offrandes et aux funérailles.

À droite de la porte, la paroi est décorée de représentations traditionnelles : en haut, Anubis, sous sa forme de canidé, veille sur la tombe ; en bas, Nebenmaât et Méresger reçoivent l'encens et des rafraîchissements des mains de leur fils, vêtu d'une peau de panthère.

Le caveau de Khâemtéri

Après cette visite, on peut regarder le petit caveau de Khâemtéri situé sur la gauche en sortant du caveau de Nebenmaât. Une barrière en interdit l'accès mais ce qu'on en voit en se penchant en donne une bonne idée. Très endommagé dans ses parties hautes, ce caveau donne l'impression d'une qualité d'exécution rapide, au trait épais. Les textes débordent très souvent du décor peint et semblent mal calculés. Comme son frère Amennakht, Khâemtéri (fig. 122) avait un caveau à décor monochrome.

Seuls les deux tympans permettent une description. À droite, sous le cintre où figurait sans doute deux fois Anubis, on voit la momie, couchée sur son lit, sous lequel sont déposées des offrandes. Au-dessus de la momie une ligne de texte donne le titre et le nom du défunt : « l'Osiris, le *sedjem-ash* dans la Place de Vérité, Khâemtéri, acquitté* ».

Fig. 122. Statue de Khâemtéri en porte-enseigne au Rijksmuseum van Oudheden, Leyde, AH 209. © Fr. Gourdon.

À gauche, le décor du tympan est intéressant car peu courant (fig. 123). Sous le cintre occupé par l'iconographie traditionnelle d'Anubis, se tient le défunt, assis devant une table d'offrandes chargée de pains.

Son nom, Khâemtéri, est écrit en colonne devant lui, mais on remarque qu'il y manque un hiéroglyphe pour le son « em », ce qui renforce l'idée que ce caveau a été décoré et inscrit un peu vite. Derrière lui, la déesse Isis* lève les bras en signe de protection.

La partie gauche de cette scène montre un pilier-*djed* animé, doté de bras ornés d'un signe de vie.

Ce pilier, que la légende nomme « Djed l'auguste, le père des dieux », assure la stabilité, la vie et l'éternité au défunt.

Les quatre caveaux de cette tombe familiale sont d'un intérêt majeur pour ce qu'ils donnent à voir de la peinture funéraire. On y retrouve de nombreux thèmes religieux et iconographiques caractéristiques de la nécropole de Deir el-Médina, incluant des chapitres illustrés du *Livre des Morts** alternant avec des scènes d'offrandes dédiées au panthéon officiel et privé de la famille, ainsi que des processions de personnages de l'entourage des défunts.

Pour parfaire cette impression de tombe-type de Deir el-Médina, on remarque que ces caveaux voûtés qui se distribuent les uns aux autres sont traités en peinture polychrome pour le premier et « monochrome » pour les suivants, sans que l'égyptologue puisse en fournir une explication.

Fig. 123. Tympan du caveau de Khâemtéri. © Archives Ifao.

LES LIEUX DE CULTE

Façade du temple gréco-romain de Deir el-Médina © G.Andreu-Lanoë.

LES CHAPELLES

De multiples ostraca* et quelques papyrus évoquent la place tenue dans cette communauté par les pratiques religieuses individuelles ou collectives, notamment de nombreuses fêtes et processions, et peuvent être associées à l'exercice d'une justice interne à la communauté, comme les oracles rendus par la statue d'Amenhotep Ier*. Sur le terrain, ces dévotions sont illustrées par les vestiges d'une trentaine de chapelles aux fonctions diverses et par une multiplicité de monuments de piété personnelle : stèles, tables d'offrandes, etc.

Elles concernent aussi bien les souverains défunts ou vivants dont les hommes de la Tombe se sentent proches par leur fonction que les divinités de la nécropole thébaine et bien d'autres dieux sans doute révélateurs de l'histoire de certaines familles.

Après avoir fait le tour du Village et visité les tombes ouvertes dans la nécropole, le visiteur découvre, disséminées parmi les chapelles funéraires du cirque nord, des chapelles d'associations et, sur la droite, celle qui jouxte le mur septentrional de l'agglomération. Les suivantes se répartissent à l'intérieur et autour de l'enceinte du temple ptolémaïque.

Chapelles du cirque nord

9: chapellle 1190
10: chapelle 1212
11: chapelle 1213
12: chapelle 1216
13: chapelle 1221

Chapelles du secteur du temple

1: chapelle au nord-est du village
2: temple de Ramsès II à Amon
3: chapelle de Séthi Ier à Hathor
4: C. III
5: C. II
6: petite chapelle ramesside
7: C.V. I
8: chapelle E

Fig. 124. Plan des chapelles d'associations. © D. Valbelle.

LES CHAPELLES D'ASSOCIATIONS

Ces chapelles d'associations, nommées « chapelles de confréries » par B. Bruyère, sont bâties en briques crues. Certaines de leurs pièces portent un décor peint et la plupart d'entre elles devaient être équipées d'huisseries en pierre sculptées et/ou peintes.

Elles se distinguent néanmoins des autres, notamment des chapelles de tombes, par leur plan : précédées ou non d'une ou deux cours, elles se composent d'une salle de réunion pourvue de banquettes majoritairement latérales et d'un espace sacré aux murs peints comprenant une ou deux pièces souvent voûtées introduisant vers un naos* triple dans la plupart des cas.

C'est la juxtaposition à leur partie sacrée d'une salle hypostyle aux murs blanchis à la chaux pourvue de banquettes qui caractérise ces édifices. Treize d'entre elles, de dimensions variables, peuvent être retenues sur ces critères (fig. 124).

Il est possible que ce type de bâtiments ait déjà existé durant la première moitié de la XVIIIe dynastie, mais la majorité de celles qui ont survécu sont ramessides. La plupart sont visitables.

Description

La chapelle 1, élevée contre le mur nord-est du village, est l'une des mieux conservées, parce qu'elle a été protégée par un toit dès sa découverte et récemment restaurée par l'Ifao. B. Bruyère décrit et reproduit en dessin le décor, encore présent lors du dégagement, des balustrades qui séparaient la partie sacrée de la salle de réunion : un homme dont le nom est perdu et son fils Khâemouaset mènent chacun un bœuf gras dans le sanctuaire (fig. 125), sur les murs duquel d'autres personnages se dirigeaient vers une figuration en argile stuquée et peinte en blanc

Fig. 125. Vue du sanctuaire de la chapelle 1 située au nord du village. © Fr. Gourdon.

Fig. 126. Vue de la chapelle d'association (7) qui comporte encore quelques sièges dans la cour. © L. Medini.

d'un dieu momiforme dont la partie inférieure a été retrouvée. Ces processions sont généralement associées à la fête d'Opet*. Les murs latéraux étaient blanchis à la chaux. L'orientation du bâtiment et le décor conservé suggèrent un culte en rapport avec la rive orientale, où l'on retrouve les représentations de défilés des bœufs gras dans le portique de Thoutmosis IV à Karnak et sur les murs de la colonnade du temple de Louxor.

La chapelle 7, située au sud de l'enceinte du temple ptolémaïque, à l'ouest de la précédente, se compose d'une cour, d'un vestibule, d'un pronaos* pourvu de deux banquettes et d'un naos tripartite auquel on peut aussi accéder par une succession de pièces qui longent la chapelle, du côté sud, et qui sont en communication avec chacune des pièces de l'axe principal. Aucun décor n'est conservé dans le bâtiment. Sur les banquettes du pronaos*, E. Schiaparelli a recueilli douze des sièges en calcaire conservés aujourd'hui au Museo Egizio de Turin. Quatre sièges anépigraphes sont encore en place (fig. 126).

Bâtie sur le pied de la colline de Gournet Mouraï, à droite du chemin qui se poursuit vers le nord, avec de grandes briques (dont certaines sont estampillées au cartouche* de Thoutmosis IV), la chapelle 6, transformée ultérieurement en église copte, n'a gardé que de rares vestiges du décor de son pronaos* et de son sanctuaire, notamment la représentation d'un bouquet monté. Sa salle de réunion était pourvue de banquettes latérales « portant encore l'ensellure des sièges », lors de son dégagement.

Dans la chapelle 2, située un peu plus loin sur le même chemin en face de l'entrée du temple gréco-romain, B. Bruyère pense qu'une salle de réunion hypostyle aurait été aménagée dans une ancienne cour aux murs blanchis à la chaux. Le naos* et le pronaos étaient décorés de peintures : cartouches* de Ramsès II, silhouettes d'hommes et de femmes, et la partie inférieure de deux divinités vêtues respectivement d'une résille blanche et d'une résille rouge, qui pourraient être, respectivement, Ptah* et Osiris*.

La chapelle 3 se situe au nord de l'enceinte du temple (voir flèche, fig. 127). Elle comportait également une cour, une salle hypostyle à banquettes aux murs blanchis à la chaux, un pronaos aux murs peints dont des fragments de frise décorative ont été mis au jour, et un sanctuaire dont seule la partie inférieure était

Fig. 127. Vue de la chapelle de Séthi Ier à Hathor (3). © G. Andreu-Lanoë.

conservée. Une pièce attenante au pronaos, dont les huisseries portaient une formule d'offrande « pour le *ka** du serviteur dans la Place de Maât Bouqentouf, justifié* », était également décorée : B. Bruyère signale, sur les murs nord et sud, « un défilé d'hommes et de femmes portant des offrandes et se dirigeant vers le fond », où deux scènes symétriques comprenaient chacune un personnage debout face à une divinité assise non identifiée.

À l'intérieur de l'enceinte du temple, plusieurs chapelles ont fait l'objet d'une restauration en 2016, mais seule la chapelle 5, dont B. Bruyère a identifié des phases distinctes dans la construction du bâtiment, a conservé les restes de décors successifs dans le sanctuaire : un premier état comprend un cartouche de Thoutmosis III entre deux sphinx (fig. 128), surmontant un registre d'offrandes et la représentation du roi et de sa mère, suivis de quatre porteurs de jarres à vin ; un second état comporte un nouveau cartouche de Thoutmosis III encadré de deux autres sphinx et, dans un autre naos, la figuration

Fig. 128. Décor de la chapelle n° 5. © Archives Ifao.

de plusieurs rois, d'une reine et d'un dieu aux chairs bleues précédé d'une table d'offrandes. D'autres chapelles, dépourvues de décor ou qui ne l'ont pas conservé, présentent les mêmes caractéristiques architecturales dans le cirque nord et au nord de l'enceinte du temple.

Les maigres restes de peinture qui viennent d'être évoqués, figurant des individus des deux sexes se dirigeant vers la représentation d'entités divines ou royales, montrent clairement que ces chapelles étaient dédiées au culte de dieux ou de rois ancêtres, ainsi que le confirment maints ostraca* et papyrus provenant du site, qu'il se soit agi de la participation de certaines personnes à des dévotions officielles ou d'initiatives n'impliquant qu'un nombre restreint d'individus.

Le fonctionnement de ces chapelles

Dans le cadre de l'institution de la Tombe, plusieurs chapelles dédiées à diverses divinités et à des souverains servaient donc de cadre à des réunions associatives, comme l'indiquent les banquettes aménagées dans la première salle de ces bâtiments. Les décors subsistant dans les sanctuaires révèlent, malgré leur mauvais état de conservation, l'organisation de processions d'hommes et de femmes pour apporter diverses offrandes aux dieux ou rois auxquels ces chapelles sont dédiées. Un ostracon fait aussi intervenir une femme. En revanche, les inscriptions sur les sièges ne nomment que des hommes. L'ensemble des informations

disponibles suggère que ces chapelles ont une double fonction : religieuse, à laquelle participent hommes et femmes des familles affilées à chaque chapelle, et associative,
à laquelle ne participeraient que des hommes de l'équipe, dont certains occupent des fonctions de prêtres des divinités auxquelles ces chapelles sont consacrées. Un graffito figurant sur la paroi ouest d'une chapelle commémore une de ces séances.

Un ostracon, daté de l'an 47 du règne de Ramsès II, énumérant les offrandes que plusieurs ouvriers et une femme avaient apportées à la déesse Anouqet*, fait allusion à des boissons rituelles dans l'espoir de recouvrer la santé ou de survivre :

« L'homme de l'équipe Imenemipet dit : "Concernant le serment récurrent, (je donnerai) cinq jarres de boisson-*seremet* de Qodé, et deux pots et demi de bière – ils correspondent à ce qui convient –, trois (?) corbeilles de pains-*néher* et de pains-*pésen*, qui constituent les offrandes pour la séance, (ainsi que) trois plantes-*séry*, qui seront ma contribution pour le jour de boire…" »

Le texte semble avoir été destiné à récapituler diverses requêtes à l'occasion de la fête d'Anouqet.

Les sièges inscrits

Leurs vœux peuvent être rapprochés de ceux qui figurent sur les sièges des chapelles concernant la santé. La boisson, l'ivresse et la joie sont au cœur des séances et des fêtes qui se déroulaient dans ces chapelles.

Les inscriptions gravées ou peintes sur les sièges sont également révélatrices.

Elles commencent par une interjection – « Ô, le bon compagnon… » – ou par un vœu – « Que vive le bon compagnon… » – qui qualifie les hommes auxquels ils étaient réservés. Plusieurs sièges sont dédiés par un membre de l'institution à un autre. Dans les chapelles, les sièges sont juxtaposés. D'autres sièges similaires étaient scellés dans les banquettes de la station du col, où au moins huit d'entre eux étaient disposés deux par deux.

Si les traces de peintures subsistant dans les sanctuaires de ces chapelles gardent le souvenir de rites envers des divinités, l'identité de celles-ci n'est pas toujours conservée. Il ressort de l'analyse de l'ensemble de la documentation associée que plusieurs de ces lieux de cultes étaient dédiés à Hathor et à Amon, mais Ptah* et Osiris* sont également présents. Certaines chapelles sont consacrés au culte de souverains, comme Amenhotep Ier et Thoutmosis III. Cependant, l'édifice le plus important dédié aux cultes monarchiques date de l'époque ramesside.

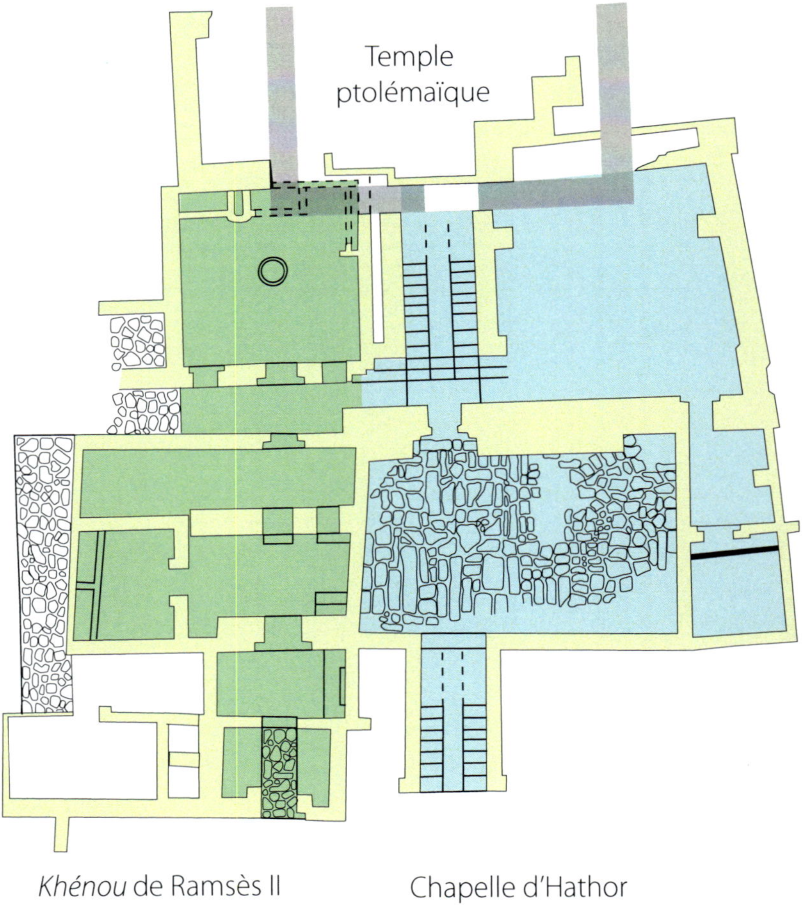

Fig. 129. Plan du khénou de Ramsès II et de la chapelle contigüe d'Hathor. © D. Valbelle.

UN COMPLEXE RELIGIEUX DÉDIÉ AU CULTE DES STATUES ROYALES : LE *KHÉNOU* DE RAMSÈS II

Bien qu'il soit aujourd'hui invisible sous le parvis du temple gréco-romain, comme la chapelle d'Hathor à laquelle il était attenant, le *khénou* de Ramsès II mérite une présentation au visiteur qui devra encore faire appel à son imagination pour reconstituer la situation de ce dispositif durant toute l'époque ramesside (fig. 129). Malgré la destruction d'une grande partie de ses vestiges lors du creusement des fondations du temple ptolémaïque, ce bâtiment original est particulièrement représentatif de l'idéologie monarchique qui prévalait dans cette communauté. La complémentarité de la riche documentation qui nous est parvenue lui restitue une existence virtuelle saisissante.

Les murs des deux bâtiments étaient édifiés en pierres liées à la mouna*, enduits, peints en blanc dans leur partie basse et recouverts d'un lait d'argile plus haut, comme dans l'ensemble du village. Divers décors spécifiques sont décelables par endroits.

Le sol des pièces s'élève d'est en ouest. Un premier axe distribue une série de neuf pièces.

Un petit vestibule traversé par un dallage axial mène de la porte d'entrée du bâtiment à la porte d'une deuxième pièce aux murs pourvus d'un décor polychrome et au plafond voûté orné de feuilles de vignes et de grappes de raisin. Dans la cour suivante, un relief provenant d'un linteau de porte figurait Ramsès II sous la protection de la déesse Hathor (fig. 130).

Fig. 130. Relief du Louvre E 16276. © Musée du Louvre, E dist.RMN Grand Palais/ Chr. Décamps.

LES FÊTES

Les nombreuses fêtes qui se déroulaient dans le village ou dans la région et auxquelles participaient les artisans et leurs familles sont fréquemment mentionnées dans le *Journal de la Tombe* ou dans d'autres documents d'archives, mais elles sont aussi illustrées par des représentations qui nous en restituent les moments les plus significatifs.

Certaines de ces fêtes se tenaient en petit comité, dans les chapelles d'associations, consistant apparemment en présentations d'offrandes aux divinités et en agapes arrosées de bière qu'on brassait pour ces occasions.

Cependant, la plupart des réjouissances collectives se répartissaient tout au long de l'année entre les grandes fêtes éponymes des mois, les fêtes des dieux de la région, les jubilés des rois vivants et défunts et les cérémonies funéraires.

Les principales divinités célébrées étaient Amon* – en tant que maître de Karnak, accompagné ou non de Mout* et Khonsou*, ou sous la forme locale d'« Amon de la bonne rencontre » –, Hathor*, dame de l'Occident, Ptah* et Meresger*, identifiée à la cime thébaine, mais de nombreuses autres faisaient l'objet de dévotions et de cérémonies, comme Satet et Anouqet.

C'est dans cet esprit que la procession de l'emblème d'Anouqet (fig. 131) est figurée dans la chapelle de la tombe du chef d'équipe Néferhotep, tandis que la navigation rituelle de la même déesse est représentée sur le naos de Kasa (fig. 132).

Fig. 131. Emblème d'Anouqet, N 3534.

Fig. 132. Navigation d'Anouqet sur le naos de Kasa, cat. 2246. © N. Dell'Aquilla, F. Taverni/Turin, Museo Egizio.

En raison de la nature même de l'institution, les souverains inhumés dans la Vallée des Rois recevaient également un culte aux dates anniversaires de leur décès ou de leur couronnement. Mais ce sont Amenhotep Ier, considéré comme le saint patron du Village, et sa mère Ahmès Néfertari qui reçoivent le culte (fig. 133) le plus constant pendant toute l'époque ramesside, cela sous diverses formes, notamment une sortie processionnelle de la statue du souverain.

Enfin, la population du village ou ses chefs assistaient aux festivités des grands sanctuaires thébains des deux rives, comme la belle fête de la Vallée, la fête d'Opet ou la navigation de Mout.

Fig. 133. Statue processionnelle d'Amenhotep Ier sur la stèle d'Atoumnakht, cat. 1454 bis. © N. Dell'Aquilla, F. Taverni/Turin, Museo Egizio.

Dans le mur occidental de cette cour, trois ouvertures séparées par des piliers carrés et des colonnes constituaient la façade ouverte d'un pronaos*. Au centre du mur, un escalier de trois marches permettait de passer à un niveau supérieur. Ultérieurement, les colonnes furent supprimées, les piliers intégrés à la maçonnerie pleine, puis l'escalier transformé en une niche aux parois plaquées de fragments de stèles, séparant ainsi la partie antérieure du bâtiment de la partie postérieure. La cour communiquait non seulement avec la suite des pièces de l'axe est-ouest, mais également par une porte située dans son axe transversal, avec la salle située immédiatement au sud, dont le mur méridional était occupé par une série d'autels polychromes juxtaposés.

Le sanctuaire tripartite, sans doute contemporain du règne de Ramsès II, a été remplacé ultérieurement par une grande salle au plafond supporté par une colonne en grès, tandis que la porte septentrionale était condamnée.

Un montant de la porte centrale aux noms du vizir Paser et du scribe Râmosé était encore en place. De nombreux fragments d'enduits de mouna* portant les restes d'un décor polychrome gisaient sur le sol où un puits renfermait quinze monuments de ces deux personnages, en particulier la statue stéléphore* de Râmosé portant un texte de donation en faveur de la chapelle d'Hathor (fig. 134).

Fig. 134. Statue stéléphore de Ramosê portant le texte de la donation de Ramsès II au khénou. © Archives Ifao.

L'inscription de la stèle mettait en place les termes d'un virement d'offrandes en provenance du Ramesseum à destination de la chapelle d'Hathor par décret daté de l'an 9 de Ramsès II, le 3e mois de la saison akhet, le 8e jour. Ces dévotions perdureront durant la majeure partie de la période ramesside.

Un texte sur papyrus décrit en détail la statue de culte de Ramsès VI destinée à être placée « dans le temple d'Ousermaâtrê-Sétepenrê, [à côté du temple d'Hathor], maîtresse de l'Occident ». Il rappelle qu'il s'agit d'une tradition pieuse inaugurée par les ancêtres de l'auteur du document pour une statue de Ramsès II (fig. 135), puis pour une statue de Mérenptah et de leurs successeurs. Il précise que ce culte aux statues royales bénéficiait de trois services journaliers, comportant encensements, libations et offrandes.

Ramsès II avait en effet affecté un invalide de guerre pour assister l'initiateur de cette dévotion, disposition qui fut interrompue plus tard, sous le règne de Taousert, avant d'être reprise sous le règne de Ramsès III, à l'occasion d'un voyage du souverain en Haute Égypte. Prenant la forme d'une lettre adressée à Ramsès VI, l'objectif de ce texte est d'obtenir l'affectation d'un nouvel invalide de guerre au culte de la statue royale. Trois autres fragments de papyrus répertorient les offrandes prévues pour le culte d'une statue de Mérenptah dans le cadre d'une succession de donations effectuées notamment par les chefs d'équipe Hay et Néferhotep.

Fig. 135. Statue cultuelle de Ramsès II dans le khénou. Louvre Inv. E 16277. © 2006 musée du Louvre, dist. RMN Grand Palais/Chr. Décamps.

Un chef-d'œuvre architectural

Au-delà du village, en allant vers le nord, le regard est frappé par la masse sombre de l'enceinte du temple de Deir el-Médina (fig. 136).

Constituée d'assises ondulantes de briques crues, l'enceinte se présente comme un écrin imposant, bien conservé, destiné à abriter le dernier sanctuaire construit sur le site à l'époque ptolémaïque et romaine.

Près d'un millénaire sépare le temps des artisans de la communauté sous les Ramsès et cet édifice, dont on a pu dire qu'il était « un véritable chef-d'œuvre d'architecture égyptienne ».

Niché contre le dernier contrefort de la montagne thébaine, construit en grès, ce temple se distingue par son excellent état de conservation, sa petite taille, la proportion de ses volumes et la très belle polychromie de son décor, récemment restaurée par le ministère égyptien du Tourisme et des Antiquités.

Le fait que cet édifice ait conservé ses plafonds ajoute au plaisir de la visite et à l'impression que l'on peut retenir de l'atmosphère qui y régnait dans l'Antiquité.

L'emplacement, à cet endroit du site, d'un temple dédié à la déesse Hathor est connu dès le début du Nouvel Empire, au milieu du IIe millénaire avant notre ère. Divinité majeure et polymorphe du panthéon égyptien, Hathor est ici vénérée plus précisément en tant que « souveraine de la nécropole », accueillant les défunts sous sa forme de vache émergeant du monde l'au-delà.

C'est à Ptolémée IV Philopator (222-204 av. J.-C.) que l'on attribue l'édification du temple actuel. Ses successeurs Ptolémée VI Philometor (vers 180-145 av. J.-C.), Ptolémée VIII Évergète II (145-116 av. J.-C.) et Ptolémée XII Néos Dyonysos (80-58 av. J.-C.) en poursuivront la décoration qui ne sera cependant jamais achevée.

Fig. 136. Vue aérienne du temple gréco-romain. © P. Zignani.

Un culte dédié à la déesse Hathor-Maât*

On entre dans la cour du temple après avoir franchi une haute porte, dont le linteau et les montants sont gravés de scènes d'offrandes présentées par le roi à diverses divinités dont Isis*, Amon et Montou et, plus encore, à la déesse Hathor-Maât, objet du culte principal de ce sanctuaire.

L'association d'Hathor avec Maât se rencontre régulièrement, et particulièrement dans un contexte de rituels funéraires. Elle s'explique ici par l'emplacement du temple au cœur de la nécropole thébaine, sur laquelle veillait Hathor après que la vie terrestre du défunt, symbolisée par l'image de son cœur, eut été jugée conforme à l'ordre juste et cosmique, à l'équilibre, à l'absence de chaos, que personnifie Maât.

Le temple proprement dit se présente comme un monument rectangulaire de 9 m de large sur 22 m de long. Il est orienté est-ouest, comme c'est la règle dans les temples égyptiens, mais cette orientation est ici approximative, car l'implantation du sanctuaire au pied de la montagne thébaine, sur laquelle règne la déesse Hathor, semble avoir été un choix prioritaire des prêtres en charge de la construction.

La première salle est une élégante petite salle hypostyle, dont le plafond est soutenu par deux colonnes à chapiteau floral (fig. 137).

Fig. 137. Salle hypostyle du temple.
© Archives Ifao/I. Mohamed Ibrahim.

De cette salle, on pénètre dans le vestibule (pronaos*), séparé de la salle hypostyle par deux murets d'entrecolonnement. De chaque côté de cette entrée, le mur d'entrecolonnement est flanqué d'un pilier hathorique. Face aux colonnes engagées dans le mur bahut, ont été représentés deux personnages importants de la mythologie égyptienne : Imhotep, architecte de la pyramide de Djéser à Saqqara (vers 2740 av. J.-C.) et Amenhotep fils de Hapou, architecte d'Amenhotep III (1388-1349 av. J-C.).

La notoriété que ces deux génies de l'architecture connurent de leur vivant se poursuivit bien au-delà, au point qu'ils furent tardivement adorés comme dieux guérisseurs et magiciens.

Fig. 138. Pharaon présente des offrandes à Amon et Hathor-Maât. © C. Quentinet.

Fig. 139. La psychostasie en présence de Thot et Maât. © G. Andreu-Lanoë.

Trois sanctuaires côte à côte

Du pronaos*, on accède aux trois sanctuaires (naos*), situés côte à côte, face au visiteur. Hathor-Maât* est vénérée dans celui du milieu, comme l'indiquent au-dessus du linteau de la porte les sept têtes d'Hathor sculptées de face et en haut relief.
On reconnaît la déesse à son visage féminin, doté d'oreilles de vache, et à sa perruque enveloppante et retombant en boucle de chaque côté du visage.

Le culte du soleil se retrouve au revers de la porte de ce naos* sous la forme de singes cynocéphales, debout sur leurs pattes arrière, en adoration devant un scarabée, forme récurrente du soleil levant. Le naos de droite (fig. 138) est consacré à Amon-Rê-Osiris, mais c'est encore Hathor-Maât, souveraine de Thèbes, mère du soleil, qui, sous sa forme de vache, est gravée sur le linteau intérieur du naos.

Le naos de gauche (au sud) est dédié à Amon-Sokar-Osiris et porte un décor dédié au monde funéraire. Il faut y entrer pour admirer les plus belles scènes de ce temple.

Fig. 140. Prêtre portant le masque d'Anubis faisant offrande à Pharaon. © D. Valbelle.

Fig. 141. L'escalier vers la terrasse, sa baie à claustra et son pilier orné de deux têtes d'Hathor. © H. Lanoë.

À gauche est représentée la scène de la psychostasie* (fig. 139), plus souvent figurée dans les tombes, comme dans le caveau ramesside de Nakhtamon (fig. 105, p. 119) à Deir el-Médina.

Sur la paroi de droite se remarque la barque de Sokar, dieu de la nécropole memphite (Saqqara), précédée par un prêtre portant le masque du dieu Anubis et faisant offrande au pharaon (fig. 140).

Au sud de cette chapelle, un escalier, régulièrement interdit à la visite, éclairé par une baie à claustra et décoré de deux têtes d'Hathor (fig. 141), mène au toit-terrasse du temple.

Le décor et les inscriptions des murs extérieurs

Le décor des parois extérieures du temple rappelle le style et le programme iconographique classique des temples d'époque gréco-romaine. En ressortant de la salle hypostyle vers la droite, on observera sur le mur extérieur sud (fig. 142) deux scènes dites de mammisi, « maison de naissance », où l'on voit la déesse Hathor tenant sur ses genoux l'enfant divin en présence de Ptolémée IX Soter et Cléopâtre III (116-107 av. J.-C.), ainsi que de la triade* divine régnant sur Thèbes, Amon-Mout-Khonsou*.

En faisant le tour de l'édifice, on découvre, à l'arrière, un « temple adossé ». On y voit une double scène, sans doute gravée à l'époque romaine, pendant le règne d'Octave (63 av. J.-C.–14 apr. J.-C.). C'est là le dernier témoignage visible, sur ce temple, des cultes polythéistes des pharaons. Dans la scène centrale, le pharaon offre la maât* à Hathor et à Maât, ainsi qu'une essence balsamique à Tjénénet et Rattaouy, les deux compagnes du dieu à tête de faucon Montou, bien connu dans le panthéon thébain.

On remarque, çà et là, des graffiti inscrits sur les murs du temple dans deux écritures non hiéroglyphiques : le démotique et le copte. Les graffiti démotiques, peints en rouge ou en noir, sont des marques de pèlerins. Ils témoignent de la vitalité du culte d'Hathor en ces lieux à l'époque ptolémaïque. C'est d'ailleurs près du temple que fut découverte une cachette de papyrus écrits en démotique et datant de 188-101 av. J.-C.

Incisés ou gravés sur les murs du temple, les graffiti coptes sont très nombreux, comme on peut l'observer sur le côté droit de la façade du temple et sur le mur extérieur, à droite en regardant l'entrée. Ils sont contemporains de la transformation du temple païen en église consacrée à Saint Isidore le martyr. L'église de Deir el-Médina connut son apogée au VIIe s., avant de disparaître au VIIIe s., à la suite de la conquête du pays par les Arabes (642) et sa conversion progressive à l'Islam.

Lors de l'expédition de Bonaparte en Égypte (1798), les ingénieurs Jollois et Devilliers dressent le catalogue des monuments encore visibles sur le site ; seuls les vestiges très ensablés du temple sont mentionnés dans la *Description de l'Égypte*.

Fig. 142. Cléopâtre III et Ptolémée IX faisant offrande aux dieux de Thèbes. © Fr. Gourdon.

Ostracon ramesside figurant le visage d'Amenhotep Ier. © Ch. Bonnet.

POUR ALLER PLUS LOIN

De nombreux musées exposent dans leurs galeries permanentes
des objets découverts à Deir el-Médina.
On recommande plus précisément :

ÉGYPTE

Musée égyptien (Le Caire)
National Museum of Egyptian Civilization (Le Caire)
Musée de Louxor

EUROPE

Museo Egizio (Turin)

Le premier étage y présente des chefs d'œuvre provenant du site (tombe de Maïa, mobilier complet de la tombe de Khâ, stèles, papyrus et ostraca, sarcophages, objets de la vie quotidienne).

Musée du Louvre (Paris)

Répartis sur les deux étages de galeries, les objets découverts à Deir el-Médina sont les fleurons des salles thématiques (les sarcophages, la tombe, le temple, l'écriture, les objets de la vie quotidienne) et du parcours chronologique (le Nouvel Empire).

Ägyptisches Museum (Berlin)

Les salles égyptiennes proposent de beaux exemples de la statuaire, des peintures de tombes, des papyrus et des ostraca issus du site de Deir el-Médina.

British Musem (Londres)

Signalons notamment leur importante collection de papyrus et d'ostraca.

ÉTATS-UNIS D'AMÉRIQUE

Metropolitan Museum (New York)

Collection variée (stèles, bas-reliefs, ostraca).
À remarquer, le sarcophage de Iynéferti, femme de Sennédjem, et d'autres objets provenant de la tombe de ce dernier.

Il est prudent de consulter les sites internet de ces musées avant la visite, certaines salles pouvant être fermées en dehors du jour officiel de fermeture.

La reine Ahmès Néfertari, peinture provenant de la première salle de la tombe d'Inherkâouy (TT359). Berlin, Ägyptisches Museum 2060 © Fr. Gourdon.

BIBLIOGRAPHIE

G. Andreu (dir.), *Les artistes de Pharaon. Deir el-Médineh et la Vallée des Rois*, catalogue de l'exposition, musée du Louvre, Paris (15 avril-22 juillet 2002), Musées royaux d'art et d'Histoire, Bruxelles (10 septembre 2002-12 janvier 2003), Turnhout, 2002.

G. Andreu, A. M. Donadoni Roveri (dir.), *Gli artisti del Faraone, Deir el-Medina et le Valli dei re e delle Regine*, catalogue d'exposition, Torino, Palazzo Bricherasio-Museo Egizio, (14 février-18 mai 2003), Milan, 2003.

G. Andreu-Lanoë, F. Gombert, *Deir el-Médineh, les artisans de Pharaon*, L'Atelier du monde, Paris, 2002.

S. Cauville, M. Ibrahim Ali, *La Vallée des Rois. Itinéraire du visiteur*, Louvain, 2014.

J.- P. Corteggiani, *L'Égypte ancienne et ses dieux, Dictionnaire illustré*, Fayard, 2007.

L. Delvaux, A. Pierlot, *L'art des ostraca en Égypte ancienne. Morceaux choisis. Musées royaux d'art et d'histoire*, Bruxelles, 2013.

E. Ferraris, *La tomba di Kha et Merit*, Turin, 2018.

H. Gaber, L. Bazin Rizzo, F. Servajean (dir.), *À l'œuvre on connaît l'artisan… de Pharaon ! Un siècle de recherches françaises à Deir el-Medina (1917-2017)*, catalogue de l'exposition, musée égyptien du Caire (21 décembre 2017–5 février 2018), CENiM 18, Milan, 2017.

A. Mahmoud, S. Donnat (éd.), *Catalogue of Funerary Objects from the Tomb of the Servant in the Place of Truth Sennédjem*, BiGen 37, Le Caire, 2011.

A. Minault-Gout, *Carnets de pierre. L'art des ostraca dans l'Égypte ancienne*, Milan, 2002.

R. Demarée, D. Valbelle, *Les registres de recensement dans le village de Deir el-Médineh. "Il Stato Civile"*, Louvain, 2011.

D.Valbelle, *« Les ouvriers de la Tombe ». Deir el-Médineh à l'époque ramesside*, BdE 96, Le Caire, 1985. https://www.ifao.egnet.net/uploads/publications/enligne/BiEtud096.pdf

D. Valbelle et J.-Fr. Gout, *Les artistes de la Vallée des Rois*, Paris, 2002.

P. Vernus, *Affaires et scandales sous les Ramsès*, Paris, 2001.

K. Weeks (dir.), *La Vallée des Rois*, Paris, 2001.

Site de l'Ifao pour les archives Bruyère et les photographies des tombes : www.ifao.egnet.net

« The Deir el-Medina Database » https://dmd.wepwawet.nl/

CHRONOLOGIE

PÉRIODE DE NAGADA	**3900 à 3100**	
ÉPOQUE THINITE	**3100 à 2750**	
Ie-IIe dynasties		
ANCIEN EMPIRE	**2750 à 2250**	
IIIe-VIe dynasties		
PREMIÈRE PÉRIODE INTERMÉDIAIRE	**2250 à 2045**	
VIIe-Xe dynasties		
MOYEN EMPIRE	**2045 à 1700**	
XIe-XIIIe dynasties		
DEUXIÈME PÉRIODE INTERMÉDIAIRE	**1700 à 1539**	
XIIIe-XVIIe dynasties		
NOUVEL EMPIRE		
XVIIIe-XXe dynasties	**1539 à 1069**	
XVIIIe dynastie	**1550 à 1295**	
Ahmosis	1539 à 1514	
Amenhotep Ier	1514 à 1493	
Thoutmosis Ier	1493 à 1482	**Fondation du Village de Deir el-Médina**
Thoutmosis II	1482 à 1479	
Hatchepsout	1479 à 1458	Tombes intactes du cimetière de l'est
Thoutmosis III	1479 à 1425	
Amenhotep II	1425 à 1398	
Thoutmosis IV	1398 à 1388	
Amenhotep III	1388 à 1349	
Amenhotep IV	1349 à 1333	Déménagement probable de la communauté des artisans à Akhétaton (Tell el-Amarna)

Smenkhkarê	1333 à 1330	
Toutankhamon	1330 à 1320	
Ay	1320 à 1310	
Horemheb	1310 à 1295	**Agrandissement du Village et création de la fondation de la Tombe**
XIXe dynastie	**1295 à 1188**	
Ramsès Ier	1295 à 1294	
Séthi Ier	1294 à 1279	
Ramsès II	1279 à 1212	Agrandissement du Village vers le sud L'équipe est composée d'une soixantaine d'hommes
Mérenptah	1212 à 1202	
Séthi II	1202 à 1196	
Amenmès	1201 à 1198	
Siptah	1196 à 1190	
Taousert	1190 à 1188	
XXe dynastie	**1188 à 1069**	
Sethnakht	1188 à 1184	
Ramsès III	1184 à 1153	An 29 : première grève des artisans
Ramsès IV	1153 à 1148	L'équipe est exceptionnellement composée de 120 hommes
Ramsès V	1148 à 1144	
Ramsès VI	1144 à 1136	
Ramsès VII	1136 à 1128	
Ramsès VIII	1128 à 1125	
Ramsès IX	1125 à 1106	Premiers témoignages de pillages des tombeaux royaux
Ramsès X	1106 à 1103	
Ramsès XI	1103 à 1069	**La communauté quitte définitivement le Village pour s'installer dans l'enceinte du temple de Médinet Habou**

TROISIÈME PÉRIODE INTERMÉDIAIRE 1069 à 664

XXIe-XXVe dynasties

ÉPOQUE TARDIVE 664 à 332

XXVIe-XXXe dynasties

ÉPOQUE GRÉCO-ROMAINE 332 av. J.-C. à 395 apr. J.-C

380 : Proclamation par Théodose Ier du christianisme comme religion d'État

ÉPOQUE BYZANTINE 395 à 642

543 : Fermeture du temple de Philae, dernier temple polythéiste

642 : Conquête de l'Égypte par les Arabes.

GLOSSAIRE

Acquitté/justifié : épithète placée derrière les noms propres signifiant mot à mot « juste de parole ». Désigne tout défunt étant jugé comme ayant eu une vie « juste » et sans défaut par le tribunal des dieux de l'au-delà, et pouvant bénéficier du statut d'« Osiris » au royaume des morts.

Âhmès Néfertari et Amenhotep Ier : au début du Nouvel Empire, Âhmès Néfertari et son fils Amenhotep Ier incarnent la renaissance de l'Égypte. À ce titre, ils sont l'objet d'un culte posthume exceptionnel, surtout à partir de l'époque ramesside, particulièrement dans la région thébaine. « Amenhotep du Village » fait l'objet d'un culte spécifique à Deir el-Médina.

Akh-iqer : « esprit excellent », désigne un proche parent que le vivant honorait pour ses qualités exceptionnelles. Il était susceptible d'intervenir pour aider ses descendants.

Amon-Mout-Khonsou : Amon, avec sa parèdre Mout et leur fils Khonsou, constituent la triade divine la plus à l'honneur dans la région thébaine et notamment dans le complexe des temples de Karnak.

Anouqet : membre, avec Khnoum et Satet, de la triade divine de la région de la première cataracte, maîtresse de Séhél. Sa coiffure de plumes ou de palmes évoque ses liens avec la Nubie. Elle reçoit un culte très vivant à Deir el-Médina.

Apopis : Serpent géant qui s'attaque indéfiniment au dieu soleil dans son parcours céleste. Sur les parois de certaines tombes de Deir el-Médina, c'est le grand chat d'Héliopolis qui est chargé de le combattre.

Atoum : le démiurge d'Héliopolis.

Bès : nain aux jambes torses et aux mamelles pendantes portant un masque grotesque, protecteur de la vie domestique grâce à ses pouvoirs magiques.

Cachette royale de Deir el-Bahari : sépulture située au sud du cirque de Deir el-Bahari, initialement prévue pour un grand prêtre d'Amon, réutilisée après les pillages de la fin du Nouvel Empire pour entreposer une cinquantaine de momies, dont la plupart des dépouilles des souverains inhumés au préalable dans la Vallée des Rois.

Bustes anthropomorphes : connus sous le nom de « bustes de laraires », ils constituent un témoignage d'affection avec des ancêtres. Ils ont majoritairement été mis au jour dans la première salle des maisons consacrée au culte des ancêtres et aux naissances. À la différence des *akh-iqer*, ils sont généralement anépigraphes et donc anonymes.

Cartouche : forme ovale du signe *chen*, « ce que le soleil encercle », symbole d'éternité dans lequel sont inscrits les deux noms principaux du pharaon.

Cheikh Abd el-Gourna (nécropole) : les collines et les escarpements situées au pied la montagne thébaine abritent des tombeaux creusés ou construits pour être la dernière demeure des grands personnages qui animèrent la vie politique, administrative, religieuse et militaire sous les Thoutmosis, les Amenhotep, et les Ramsès. En général, seules les tombes du Nouvel Empire sont ouvertes à la visite. Après la colline de Dra Abou el-Naga, située face à Karnak, celles de Cheikh Abd el-Gourna et de Gournet Mouraï furent choisies comme lieux de sépultures pour ces notables. Les parois de leurs chapelles – car ici ce sont des chapelles que l'on visite et non des caveaux – offrent à voir des thèmes souvent profanes : chasse, pêche, distractions, banquets, vivement colorés et bien conservés, qui peuvent apparaître comme des témoignages de la vie des défunts, mais qui sont plutôt une image idéale du monde qu'ils espèrent trouver dans l'au-delà.

Couronne-*atef* : couronne d'Osiris, formé d'une couronne royale blanche surmontée d'un disque solaire et encadrée par deux plumes d'autruche latérales.

Dipinto : équivalent peint en rouge ou noir d'un graffito.

Douat : désignation de l'au-delà.

Fête d'Opet : fête célébrée sur la rive thébaine orientale, au cours de laquelle la statue d'Amon de Karnak allait visiter son « harem du sud », à Louxor.

Fils royal de Kouch : haut fonctionnaire nommé par le vizir pour gérer les territoires égyptiens en Nubie au Nouvel Empire.

Harsiésis : forme d'Horus enfant, fils d'Isis.

Hathor-Maât : objet du culte principal du sanctuaire de Deir el-Médina. L'association d'Hathor avec Maât se rencontre régulièrement, et particulièrement dans un contexte de rituels funéraires. Elle s'explique ici par l'emplacement du temple au cœur de la nécropole thébaine, sur laquelle veillait Hathor après que l'âme (représentée par le cœur) du défunt ait été jugée conforme à l'ordre juste et cosmique, à l'équilibre, à l'absence de chaos, que personnifie Maât.

Hiératique : écriture cursive, dérivée des hiéroglyphes, utilisée dans la vie courante sur papyrus et ostraca.

Horus : fils d'Isis et d'Osiris, il est le dieu de la royauté et est représenté sous la forme d'un faucon ou d'un homme à tête de faucon, portant les couronnes blanche et rouge.

Hypogée : désigne la partie souterraine de sépultures d'une certaine importance.

Isis : la plus populaire des déesses de l'Égypte ancienne. Épouse d'Osiris et mère d'Horus, elle apparaît dans les caveaux de Deir el Médina comme celle qui veille sur les défunts en compagnie de sa sœur Nephthys.

Ka : forces vitales de l'individu qui, conjuguées au *ba* et à l'*akh*, composent les éléments constitutifs de la personnalité humaine ou divine.

Khépri : forme divine du soleil au matin, représenté comme un scarabée.

Khnoum : dieu bélier, maître d'Éléphantine et de la région de la première cataracte ayant constitué une triade avec Satet et Anouqet à partir du Moyen Empire.

Khonsou : voir **Amon-Mout-Khonsou**.

Livre des Morts : Recueil de formules magico-religieuses, écrit sur papyrus ou sur les parois des caveaux, dont les défunts se servent pour se protéger des dangers qui menacent leur passage vers le royaume d'Osiris, dieu des morts.

Maât : Notion fondamentale dans la pensée égyptienne. Incarnée par une déesse gracieuse, Maât personnifie l'équilibre cosmique, l'ordre, l'équité, le bien, la vérité, la justice, l'absence de désordre ou de chaos. Les textes la disent « fille de Rê ». Aucune forme animale ne lui est associée ; seule une plume d'autruche qu'elle porte sur la tête distingue sa silhouette féminine. Dans les scènes funéraires de la pesée du cœur (voir *infra*, psychostasie) il arrive que la plume de Mâat soit représentée sur le plateau de la balance, face au plateau qui supporte le cœur du défunt.

Méchouechs : tribu libyenne.

Méresger : littéralement « celle qui aime le silence ». Déesse-serpent particulièrement vénérée par la population de Deir el-Médina où de nombreux *ex-votos* et oratoires témoignent de la ferveur et de la crainte qu'elle inspirait.

Monochrome : terme qui désigne la technique picturale du décor très particulier de vingt-deux tombes de Deir el-Médina, comme celle de Nakhtamon (p. 114). Peint sur un fond blanc, le décor n'est pas à proprement parler monochrome car il utilise les couleurs noire, jaune, et ocre (pigments faciles à se procurer), mais la tradition égyptologique a maintenu cette appellation inappropriée. Il ressort de leur exécution une impression de style brouillon et hâtif que, dans l'attente de textes, on ne sait pas expliquer.

Mouna: mot arabe désignant un mélange d'argile limoneuse et de paille employé dans la fabrication des briques crues et servant d'enduit sur les murs en sous-couche de l'application d'une peinture.

Mout: voir **Amon-Mout-Khonsou**.

Naos: édifice fermé par deux portes, destiné à recevoir la statue divine.

Nephthys: sœur d'Isis, qui aide celle-ci à prendre soin de son époux Osiris, et veille avec elle sur les défunts.

Œil-*oudjat*: œil sacré d'Horus, symbole d'intégrité physique et de santé, fréquemment figuré sur des amulettes.

Osiris: dieu des morts, assassiné et démantelé par Seth, puis reconstitué par son épouse Isis. Il préside le tribunal chargé de juger les morts et est le garant de la survie dans l'au-delà. Il est représenté à Deir el-Médina comme un homme aux chairs vertes. Les défunts sont assimilés à Osiris pour leur vie dans l'au-delà.

Ostracon (plur. ostraca): mot grec qui désigne un tesson de poterie ou un fragment de calcaire ayant servi de support au dessin ou à l'écriture.

Ouadjyt: déesse tutélaire de la Basse Égypte, souvent représentée par un cobra.

Ouverture de la bouche: rituel exécuté par un prêtre sur la momie du défunt lors de ses funérailles pour lui permettre de recouvrer l'usage de sa bouche dans l'au-delà. Des formules magiques, des manipulations d'herminettes et des offrandes diverses accompagnaient cette cérémonie. Dans les tombes de Deir el-Médina, c'est souvent le dieu de la nécropole Anubis qui pratique ce rituel (p. 131).

Palmier-*doum* : arbre aux palmes retombant vers le sol, chargées de noix abondantes, qui se distingue dans le paysage égyptien du palmier dattier caractérisé par de lourdes grappes de dattes. Les deux espèces étaient très appréciées des petits singes qui se nourrissaient de leurs fruits. Elles sont représentées sur l'avant-dernier registre du tympan de droite du caveau de Sennédjem (fig. 97, p. 111).

Prêtre-*ouâb* : catégorie inférieure du clergé.

Pronaos : vestibule précédant le naos.

Psychostasie : terme grec qui signifie « pesée de l'âme ». Si le cœur, siège de la mémoire des actes du défunt et de son âme, a le poids exact de la déesse plume, symbole de la *maât* – c'est-à-dire de l'équilibre –, le tribunal de l'au-delà décidera favorablement de l'accueil du défunt au royaume d'Osiris.

Ptah : dieu originaire de Memphis, en Basse Égypte, où il est considéré comme le créateur du monde. Il est aussi le patron des artisans et est représenté sous forme humaine, le corps gainé dans un linceul, tenant un sceptre composite. Situé entre Deir el-Médina et la Vallée des Reines, un oratoire rupestre dédié à Ptah et Méresger permettait aux habitants de Deir el-Médina d'y déposer des prières inscrites sur des *ex-votos* et des stèles.

Rê-Horakhty : « Rê-Horus de l'horizon », forme du dieu soleil célébrée lorsqu'il apparaît à son lever.

Rénénoutet : Déesse-serpent « maitresse des greniers », qui présidait aux récoltes et protégeait les foyers où elle faisait l'objet d'un culte domestique.

Sédjem-âch em Set-Maât : littéralement, « celui qui entend l'appel dans la Place de Vérité » : ce titre s'explique par le lien privilégié qui unissait les artisans au service de la *maât*, dont ils assuraient le triomphe en préparant la demeure éternelle du pharaon. Le terme équivalent de « Place de Vérité » dans les textes administratifs écrits en hiératique n'est autre que « la Tombe ».

Satet : première divinité d'Éléphantine, formant une triade avec Khnoum et Anouqet à partir du Moyen Empire. Elle reçoit un culte à Deir el-Médina.

Sobek-Rê : dieu-crocodile adoré au Fayoum dès le Moyen Empire et notamment dans le site de Souménou, au sud de Thèbes.

Statue stéléphore : statue figurant un dévôt présentant une stèle devant lui.

Stèles d'*akh-iqer* de Rê (« esprit excellent de Rê ») : honoraient un ou plusieurs proches parents pour ses qualités exceptionnelles. Placées dans les pièces dédiées aux liens entre les générations des familles, ces stèles étaient destinées à entretenir leur souvenir et à garder un lien avec eux. Ces parents étaient susceptibles d'intervenir pour aider leurs descendants.

Triade : groupe de trois divinités, constitué généralement comme une famille père-mère-fils.

Zénet : jeu de table se pratiquant à deux partenaires sur un plateau de trente cases, avec des pions et des bâtonnets ou des osselets. Au cours du Nouvel Empire, le jeu prend une valeur funéraire, le mort affronte les créatures de l'au-delà au *zénet* pour gagner son immortalité.

L'Institut français d'archéologie orientale édite 25 ouvrages scientifiques chaque année dans ses disciplines de recherche : égyptologie, archéologie, papyrologie, études arabisantes, études coptes.
Il publie des éditions scientifiques de matériel archéologique, des rapports de fouilles archéologiques, des actes de colloques, des thèses éditorialisées, des essais et catalogues d'objets. L'institut propose aussi une gamme d'ouvrages pour le grand public. Tous les ouvrages sont disponibles en librairie et en ligne (Amazon, la Fnac, Decitre). Le catalogue des publications et l'actualité éditoriale sont présentés sur le site de l'Ifao : www.ifao.egnet.net

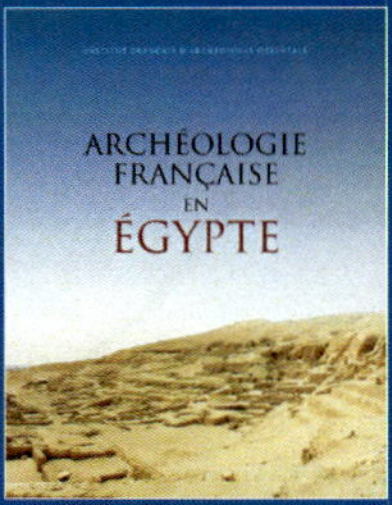

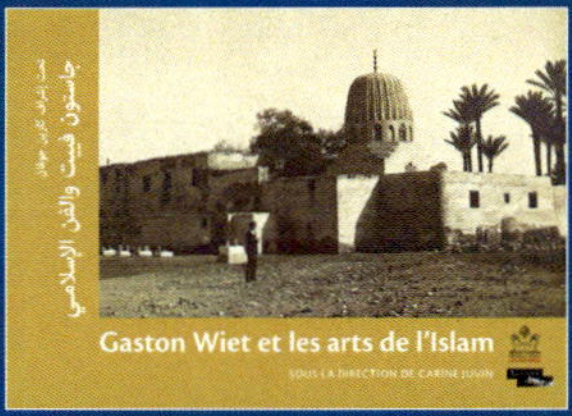

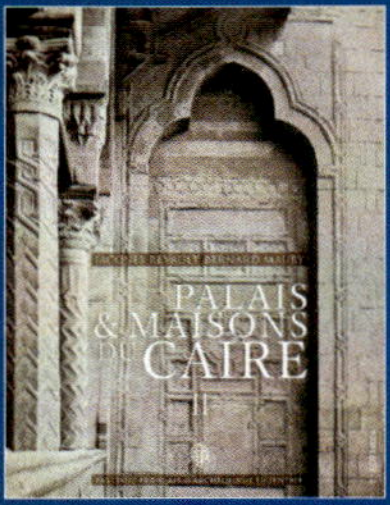

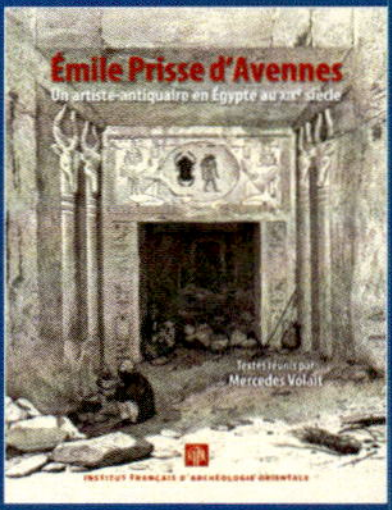

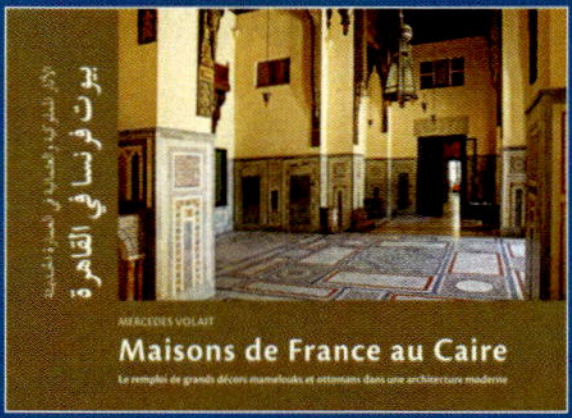

DIFFUSION
Ventes directes et par correspondance

Au Caire
à l'Ifao,
37 rue al-Cheikh Ali Youssef (Mounira)
[B.P. Qasr al-ʿAyni 11562]
11441 Le Caire, Égypte
Section Diffusion Vente

Tél. : (+20 2) 27 90 02 55
https://www.ifao.egnet.net
e-mail : diffusion@ifao.egnet.net

En France
Vente en librairies

Diffusion AFPU-D
C/O Université de Lille
3 rue du Barreau
BP 60149 - 59653 Villeneuve d'Ascq Cedex
Tél. +33 (0)3 20 41 66 95

Distribution DILISCO
Zone artisanale Les Conduits
Rue du Limousin
BP 25 - 23220 Cheniers
Tél. +33 (0)5 55 51 80 00

Ministère de l'Enseignement supérieur, de la Recherche et de l'Innovation, Paris
Publication de l'Institut français d'archéologie orientale
Achevé d'imprimer sur les presses de l'Ifao, 37 rue al-Cheikh Ali Youssef au Caire, en décembre 2021
Dépôt légal : 1er semestre 2022 ; N° éditeur : 7247